TEORIA E PRÁTICA DO KARATÊ-DÔ WADO-RYU

Dados Internacionais de Catalogação na Publicação (CIP)
(Câmara Brasileira do Livro, SP, Brasil)

Soares, José Grácio Gomes
Teoria e prática do Karatê-Dô Wado-Ryu/ José Grácio
Gomes Soares. – São Paulo: Ícone, 1998.

Bibliografia.
ISBN 85-274-0547-4

1. Português – Dicionários I. Título.

98-4003   CDD–796.8153

Índices para catálogo sistemático:

1. Karatê-Dô Wado-Ryu: Esportes   796.8153

PROF. JOSÉ GRÁCIO

TEORIA E PRÁTICA DO KARATÊ-DÔ WADO-RYU

© Copyright 1998.
Ícone Editora Ltda

Composição e Diagramação
Julia A. C. F. Cruz

Revisão
Jonas Medeiros Negalha

Proibida a reprodução total ou parcial desta obra,
de qualquer forma ou meio eletrônico, mecânico,
inclusive através de processos xerográficos,
sem permissão expressa do editor
(Lei nº 5.988, 14/12/1973).

Todos os direitos reservados pela
ÍCONE EDITORA LTDA.
Rua das Palmeiras, 213 — Sta. Cecília
CEP 01226-010 — São Paulo — SP
Tels. (011)826-7074/826-9510

ÍNDICE

Prefácio 7
Informações sobre o autor 9
Dedicatória 11
Considerações 13
Bodhidharma 17
Budô 19
História do Karatê-Dô 33
Jiu-Jitsu 42
Hironori Otsuka 47
Kii-Kuu-Kai 57
Susumu Suzuki 61
Critério técnico para avaliação 65
Graduação e faixa 77
Preparo físico 81
Conduta no Dojô 92
Psicologia 103
Zen e a respiração 107
As armas do Karatê-Dô 113
Dachi-waza 121
Kihon 127
Kawashi 148
Kihon-kumitê 153
Kata 157
A Kii-Kuu-Kai em Minas Gerais 188
Vocabulário 195
O autor 208
Bibliografia 211

PREFÁCIO

Quando meu irmão José Grácio me convidou para prefaciar seu livro, logo veio aquela preocupação; homem mais habituado à leitura, apenas, algumas vezes me arrisquei a escrever um artigo ou outro. Será que daria conta? Mas, a preocupação durou pouco, pois foi logo superada pela satisfação de saber que José Grácio estava publicando seu primeiro livro. Melhor coisa a fazer é comemorar com ele, com a cunhada Erenita e com as crianças, esta boa notícia.

Tenho certeza de que esta alegria também vai contagiar a todos os irmãos da "Fraternidade Rioverdense".

O escritor José Grácio Gomes Soares, já conheço há muito tempo, através de belíssimos trabalhos realizados no ambiente maçônico, e posso assegurar, se depender de seu talento, este livro será um sucesso.

O livro "Teoria e Prática do Karatê-Dô Wado-Ryu" foi escrito após mais de cinco anos de pesquisa e mais de vinte e dois anos de prática de Artes Marciais.

Este livro trata especificamente dos seguintes temas: História do Karatê, filosofia, fundamentos, Budô e técnicas específicas do Wado-Ryu.

- A respeito do curriculum do professor José Grácio, podemos destacar o seguinte:

- Fundador e presidente da Associação Kii-Kuu-Kai de Minas Gerais;

- Representante oficial do estilo Wado-Ryu também em Minas Gerais;

- Integrante do quadro de examinadores de faixas-pretas da FMK – Federação Mineira de Karatê e da Kii-Kuu-Kai do Brasil;

- Árbitro estadual e nacional;
- Possui vários cursos, inclusive, curso internacional de Kata;
- Praticante de outras modalidades com: Judô; Capoeira; Jiu-Jitsu; Boxe e Hata-Yoga.

Sinceramente,

Paulo Roberto P. Callegari
Venerável Mestre

Informations About The Author

I know the professor José Grácio, for some time, and work fellow in the same Company. He is a inteligent person, and work with working accuracy on things that he makes.

In relation to the Karatê-Dô, I observe that professor treat it with great dedication, Karatê-Dô professor a long time, he is always promoting events about his knowledge, courses and technical clinics. He knows some others modality, like: Capoeira Angola and Regional (a kind of fight in Brazil), Free-Fight, Box, Jiu-jitsu, Yoga (Hata-Yoga), Judô (Black bland 1ft Dan), Karatê-Dô and Karatê-Dô Wado-Ryu (Black bland 3rd Dan). He is the oficial representative of "Kii-Kuu-Kai" stile Wado-Ryu in the State of Minas Gerais – Brazil, he has actualy the 3rd Dan Black bland, Founder-President of the Kii-Kuu-Kai Association in the State of Minas Gerais. He is professor and Technician-Director of "Tatibana Academy" Karatê Kii-Kuu-Kai in Três Corações – Minas Gerais.

The author of this book, shows in his work the experience and dedication, the knowledge and analyse is the result of twenty two years of hard work, and studies in the marcial arts. I have the sure that all people whose acquire this book will be inclusingn your marcial liberary or not, great know ledge foutain, that will favour all people who read it.

I want to congratulate the professor José Grácio for the book writed, because it will increase the marcial heap, and distinguish between the famous Brazilian books.

Donaldson

DEDICATÓRIA

Tenho a honra de dedicar este livro aos leitores de diversos níveis e idades, alunos, professores e àqueles que acreditaram neste trabalho, e como companheiros trilham comigo este sinuoso caminho. Estendo também esta dedicatória a todos os irmãos da confraria iniciática, que tem como bandeira "Liberdade, Igualdade e Fraternidade".

Não poderia, no entanto, esquecer de minha família, que muito me incentivou e soube entender os meus momentos de isolamento que tive na idealização do mesmo. Deixo, portanto, meu especial muito obrigado,

> Erenita
> Márcia
> Jack
> Daiana
> Júnior.

Considerações

O objetivo deste livro tem por finalidade incentivar e esclarecer um pouco mais aos leitores leigos e neófitos à prática do Karatê-Dô. Para os menos esclarecidos na matéria, esporte marcial, tem um campo muito amplo e uma diversificação técnica complexa, pois se norteia dentro de uma ideologia única de cada estilo.

Tentei fazê-lo em poucas páginas, embora a vontade fosse de esclarecer ainda mais com relação a esta Arte Marcial. Para tal, necessitaria de mais tempo e espaço, todavia existem no Brasil pessoas e professores do mais alto gabarito, para uma outra explicação, inclusive com alguns livros já publicados. Com isso, sabedor que serei alvo de diversas críticas, deixo então humildemente as minhas desculpas, embora sabedor da finalidade desta obra.

Na maior parte das Artes Marciais, um adversário é sempre estabelecido, e o treinamento é feito com o objetivo de derrotá-lo. Ao contrário do Karatê-Dô, pois o objetivo não é conquistar o adversário, mas conquistar a si mesmo. Esta é a razão pela qual se diz que o Karatê-Dô evolui de Arte Marcial, educação física, para uma "Arte Espiritual".

O Karatê-Dô é sobretudo a união do espírito com o corpo, a técnica e a física. Quando o praticante une essas matérias, pode-se conseguir a perfeição de ser humano na finalidade da Arte Marcial.

O mais importante é não esquecer que o Karatê é uma arte defensiva por princípio; portanto, não procure ser forte, mas justo, nem procure a vitória sobre seus adversários, mas conquistar a si mesmo, através dos princípios corretos da Moral e da Razão.

No atual mundo em que vivemos, o homem é sede do poder pessoal, assim os verdadeiros iniciados deverão pôr em prática constante todos os seus conhecimentos, mostrando a luz, e o justo e verdadeiro caminho da razão, da harmonia, da tolerância, da sinceridade e da educação para o bem da sociedade, do Karatê-Dô e de todos os povos.

Aos praticantes e estudiosos do Karatê-Dô, sentir-me-ei muito feliz, se com a leitura deste livro, puderem assimilar um pouco do seu conteúdo e transmitir aos demais a verdadeira finalidade do Karatê-Dô.

José Grácio
Dezembro/92

橘空工会 空手道 和道流

A tradução dos Kanji que significa:

– 1 = Kii-Kuu-Kai (Escola de Karatê e da flor "Tatibana")
– 2 = Karatê-Dô (Caminho das mãos vazias)
– 3 = Wado-Ryu (Estilo do Caminho da Paz)

* Kanji original da Associação Kii-Kuu-Kai.

BODHIDHARMA

Bodhidharma, 28º patriarca do Zen Budismo. Nosso conhecimento da vida deste monge provém de duas fontes. Uma é o documento mais primitivo sobre ele, o de Tao Hsuan, suas biografias dos altos sacerdotes, compiladas no começo da dinastia T'ang em 654 de nossa era. A outra fonte é o registro da Transmissão da Lâmpada em 1004 também de nossa era, compilada por Tao Yan no começo da dinastia Sung.

Bodhidharma, o monge da lei, foi o terceiro filho de um grande rei brahman da Índia. Como sua ambição era dominar a doutrina da Mahayana, abandonou a vestimenta branca de leigo e colocou o negro manto monástico, desejando cultivar as sementes da santidade. Praticou a contemplação e a tranqüilidade; soube bem qual era o verdadeiro significado dos assuntos mundanos.

Era tranqüilo por dentro e por fora. Durante nove anos, o mestre Bodhidharma esteve no Mosteiro Shaolin ensinando a teologia budista. Percebendo que os monges não suportavam a rigorosa disciplina de longas práticas de meditação e estudo, transmitiu a eles os dezoito movimentos básicos para a conservação da energia e restauração da saúde, dos quais, depois de vários anos, surgiram 365 estilos diferentes de Boxe Chinês, chamado Boxe do Mosteiro Shaolin.

Depois de vários anos de contínuos ensinamentos, desejou voltar ao seu país de origem. Convocou os seus discípulos e disse:

– "Chegou o tempo de minha partida e quero ver quais são vossas conquistas".

– "Segundo meu parecer", disse Tao Fu, "a verdade está acima da afirmação e da negação, pois este é o sentido no qual se move".

Disse Daruma: – "Obtiveste minha pele".

Em seguida, aproximou-se o monge Tsung Ch'hi e disse:
– "Como eu entendo, se parece à visão de Amanda com respeito à terra da Akshobhya. Se vai uma vez e jamais novamente".

Tao Yu foi outro discípulo que expôs sua opinião: "Os quatro elementos estão vazios e os cinco skandas não existem segundo meu parecer, não há coisa alguma captável como real".

– Por último, Hui-K'ei, inclinando-se reverente ante o mestre, manteve-se de pé em seu lugar, sem nada dizer.

– Então Daruma disse: "Tens minha medula".

O mistério envolve o fim da vida de Bodhidharma na China; não se sabe como, quando e onde desapareceu da terra. Porém, tanto na China como no Japão e na Índia, concordaram que era muito velho, superando os 150 anos de idade, segundo Tao Hsuan.

Alguns citam Bodhidharma como fundador do Karatê. Conhecido como Daruma no idioma japonês, foi fundador do Budismo de Contemplação, chamado depois de Zen. Quando pregava a sua doutrina no Mosteiro de Shaolin, precisamente na província de Honan na China, aceita-se que foi nesta época que nasceu o "Zen", como também o Shaolin Su kempo. Ensinava o que pensava ser o ideal para a saúde, e dizia ser a união do corpo com a alma algo indivisível para chegarmos à verdade e à paz interior.

A busca da reunificação final, da consciência plena. A busca de perfeição com o Universo, com Deus.

BUDÔ

A história do Oriente se perde nos segredos do passado. Suas religiões, seus costumes, suas tradições. Nós sabemos que o homem desde a sua aparição foi e é um eterno conquistador, desbravador e sede de poder. As mutações dos povos, durante os séculos, nos levam a uma busca incansável de informações que nos dêem as respostas que procuramos.

No tocante às Artes Marciais, em especial aos antigos samurais, pouco se sabe, mas ficaram perpétuos muitos detalhes e marcas deixadas por eles, pelo fato de terem sido famosos e criadores do Código de Honra do Bushido, que se traduz mais ou menos assim:

– Eu não tenho parentes,

Faço do céu e da terra meus parentes;

– Eu não tenho poder divino,

Faço da honestidade a minha força;

– Eu não tenho condutas,

Faço da humildade minha maneira de relacionamento;

– Eu não tenho dotes mágicos,

Faço da minha força de espírito meu poder mágico;

– Eu não tenho nem vida nem morte,

Faço da eternidade a minha vida e a minha morte;

– Eu não tenho corpo,

Faço da coragem meu corpo;

– Eu não tenho olhos,

Faço do relâmpago meus olhos;

– Eu não tenho ouvidos,

Faço do meu bom senso meus ouvidos;

– Eu não tenho membros,

Faço da vivacidade meus membros;

– Eu não tenho projetos,

Faço da oportunidade meus planos;

– Eu não sou prodígio,

Faço do respeito à verdadeira doutrina meu milagre;

– Eu não tenho dogmas rígidos,

Faço da adaptabilidade a todas as coisas o princípio;

– Eu não tenho amigos,

Faço do espírito meu amigo;

– Eu não tenho inimigos,

Faço da distração meu inimigo;

– Eu não tenho armadura,

Faço da minha sinceridade e da minha retidão minha armadura;

– Eu não tenho castelo fortificado para me defender,

Faço da minha sabedoria de espírito meu castelo;

– Eu não tenho espada,

Faço da minha calma e silêncio espiritual minha espada.

O Budô tem influência do Budismo e Xintoísmo, as duas religiões predominantes do Japão. Com a doutrina contrária do Taoísmo, o Yin e o Yang, o Confucionismo com sua ética moral, as Artes Marciais foram se enquadrando entre vários aspectos como: ideológicos, filosóficos, teológicos e técnicos.

No Budô encerra-se toda a história das Artes Marciais de um modo geral. A palavra Budô quer dizer; "Caminho do Guerreiro" ou "Caminho das Artes Marciais". Seu significado, contudo, é mais amplo e requer a compreensão filosófica da palavra "caminho".

Para os orientais, "caminho", significa obedecer a uma série de regras de conduta de natureza moral, espiritual, na busca inatingível da perfeição.

Samurais em caravana ao campo de batalha, com traje típico do século XIII, era "Kamakura".

za de propósitos, coragem e espírito crítico. Isso é devido ao ambiente das Artes Marciais, que além de atraírem os que já são donos dessas virtudes, auxiliam seu desenvolvimento.

Como podemos observar, o Budô está entranhado em todas as Artes Marciais, pois é o espírito do guerreiro.

SUMÔ

Lutadores de Sumô, em confronto direto.

O Sumô é uma modalidade de luta individual, disputada com as mãos livres, pés descalços e o corpo desprovido de qualquer tipo de indumentária ou equipamento especial, a não ser uma faixa de lona denominado "mawashi".

O Sumô teve suas origens há 2.000 anos no Japão, vem atravessando gerações de adeptos, cada vez mais aumentando a sua popularidade e adesão, por ser uma espécie de luta simples. Todavia, apresenta importantes fatores desportivos e se adaptou perfeitamente ao espírito do povo japonês, de veneração às divindades e à pureza da alma.

Nos primórdios da sua evolução, o Sumô era uma forma de combate que terminava somente quando um dos contendores era completamente aniquilado.

Mas, com o passar do tempo, sofreu grandes e profundas modificações na sua forma, pela proibição de certos golpes como: socos, chutes e aqueles que utilizam as extremidades dos dedos, pela determinação de 48 golpes específicos, e pela criação de uma arena própria, o "Dohyô".

As alterações vieram simplificar ainda mais a luta do Sumô e a tornaram própria para apreciação do público leigo.

Data-se a prática do Sumô como modalidade de cultura física, há aproximadamente 1.500 anos.

Após esse período, o Sumô ainda sofreu outras modificações ditadas pelas transformações sócio-culturais do país, mas conservou sempre inalterado o espírito de lealdade, cavalheirismo, a paz e estrita obediência aos preceitos desportivos, aspectos esses que caracterizam o Sumô da atualidade.

Assim, o Sumô foi se difundindo largamente entre a população, conquistando grande número de adeptos, tornando viável a realização de espetáculos promocionais, o que resultou na criação de uma entidade oficial de Sumô profissional, a Associação Japonesa de Sumô, em 1968. Logo em seguida a Confederação Japonesa de Sumô, que teve notáveis papéis para a divulgação e promoção do Sumô no Japão. O grau máximo do Sumô é o "Yokozuma", graduação essa que, tão importante é o seu significado, normalmente tem audiência direta com o Imperador, e tem lugar ao lado direito do mesmo, tendo mais prestígio que qualquer outra autoridade.

JUDÔ

Grande mestre Jigoro Kano
(1860 – 1938)

O Judô tem sua história bem parecida com o Aikidô.

Na província de Hiogo, no mês de outubro de 1860, nasce Jigoro Kano.

J. Kano, tendo treinado com grandes mestres da época, especializa-se nos estilos de Jiu-jitsu: Tenjin-shinyo e Kito-Ryu, estilos esses, desenvolvidos em campos de batalha no período das grandes guerras dos samurais, até então classe dominante.

Depois de incansáveis esforços, aproveitando os pontos positivos dos estilos de Jiu-jitsu em que tinha se especializado, funda a primeira escola de Artes Marciais, para ensinar especificamente o seu recém-criado estilo de luta – Judô, que quer dizer: caminho da suavidade. Essa escola foi denominada de Kodokan em 1882.

Doutor em filosofia pela Universidade Teikoku – Imperial, atualmente de Tóquio – unificou e codificou os conhecimentos existentes num conjunto eficiente, esportivo, inteligente e de finalidades nobres, sempre visando o bem e o progresso dos praticantes, tanto física como moral e espiritual. Sua base eram as leis da dinâmica, ação – reação, funcionamento da alavanca em oposição à violência e o empirismo de outrem.

Do Jiu-jitsu, passou-se ao Nipon-Den-Kodekan-Judô, e daí ao Judô como é conhecido atualmente. "Ju" significa; suave, delicado; "Jitsu", arte ou técnica; "Dô", caminho espiritual ou moral. Por aí se observa a grande ampliação do campo, do conhecimento e a atitude do praticante de hoje, comparando o de antes.

Em 1878, o Sensei Jigoro Kano funda sua primeira escola com apenas onze "jos" – módulo de superfície, conhecido também como "tatami", no Templo Eishoji, em um dos bairros da capital, reunindo apenas nove discípulos. No ano seguinte, seu número diminui para oito discípulos, mas todos entusiasmados no estudo e na divulgação do esporte. Era o começo de tudo.

Quatro anos mais tarde, realizou-se a histórica e decisiva competição entre Judô moderno, e o velho Jiu-jitsu, na inauguração da nova academia de 40 "jos", Instituto Kodokan. Os fiéis discípulos do Sensei Kano derrotaram os mestres dos estilos tradicionais, provocando a incontestável superioridade do esporte.

Entre os vitoriosos, Tomita, Yamashita, Yokoyama e Saigo, conhecidos mais tarde como "Os quatro grandes".

Este esporte tornou-se matéria obrigatória em ginásios, colégios e universidades. A multiplicação dos adeptos desse esporte cresceu em todo o mundo.

AIKIDÔ

Mestre Morihei Uyeshiba
(1883-1969)

Aikidô, por si só exprime a sua filosofia. Aikidô, quer dizer: Caminho da Harmonia Espiritual; visa ajustar o espírito do ser humano à dinâmica do Universo.

Cultivar a mente e o corpo de acordo com o princípio de Aiki, e propagar e desenvolver o Aikido, assim contribuindo para o treinamento físico do público em geral, são os principais objetivos desta, que é considerada a essência das Artes Marciais, o Aikidô.

A história do Aikidô confunde-se com o próprio Morihei Ueshida, seu fundador, nascido na cidade de Tanebe, província de Kii (atualmente Wakayama) no Japão, em novembro de 1883.

Seu pai, conhecedor do Aiki-Ryu (técnicas secretas), do qual Morihei Uyeshiba aprendeu. Tendo iniciado o contato e treinamento nas diversas correntes de artes marciais existentes na época.

Em 1902, M. Uyeshiba chega a Tóquio pela primeira vez, iniciando seus treinamentos de Jiu-jitsu, da linha Kito-Ryu; discípulo aplicado, seis anos mais tarde recebe o título de Mestre habilitado em Jiu-Jitsu Kisei-Ryu. Em 1912, iniciou treinamento no estilo Daito-Ryu de Jiu-Jitsu com o Mestre Sokaku Takeda, e quatro anos mais tarde obteve o novo diploma de habilitação. Encontrou-se com o guia espiritual Sensei Wanisaburo Deguchi, de quem recebeu a orientação espiritual na Vila Oomoto.

A Academia Uyeshiba foi instalada em Ayabe em 1920, dois anos antes do encontro espiritual para harmonizar o "eu" com o Deus supremo, surgindo aí a primeira vez o termo "Aiki" (harmonia espiritual). Iniciou-se então o movimento de "iluminação da humanidade" através do Aikidô.

Transferiu-se para a cidade de Tóquio, onde ministrou os ensinamentos do Aikidô, principalmente para as pessoas nobres e classe militar. O fundador do Judô, Mestre Jigoro Kano, assistindo a uma apresentação do Aikidô do Mestre Uyeshiba, considerou o Aikidô, como a essência das Artes Marciais e enviou seus discípulos para aprender o Aikidô.

O príncipe Kayanomia visitou a Academia Koobukan de Artes Marciais, instalada no bairro de Wakamatsu em Tóquio. O Almirante Isamu Takeshita, Diretor da Academia da Marinha, foi nomeado primeiro presidente da Associação Koobukai. Foram inauguradas a Academia de Iwama e o Departamento de Aikidô da associação Butoku do Japão. Em 1947, a Associação Koobukai passou a denominar-se Fundação Aiki-Kai.

Um ano mais tarde, aconteceu o reconhecimento oficial do Aikidô e da Aiki-Kai pelo Ministério da Educação do Japão, tendo assumido como diretores da Fundação; Shihan Morihei Uyeshiba como Presidente, seu filho Kishomaru Uyeshiba como Diretor.

Em 1954, departamentos do Aikidô foram inaugurados em diversas universidades e associações esportivas.

O Mestre Kishomaru Uyeshiba tornou-se o Diretor Superintendente da Fundação Aiki-Kai e o Aikidô Shimbum (Jornal do Aikidô).

O fundador do Aikidô, Shihan Morihei Uyeshiba, foi condecorado pelo governo japonês com a Grande Medalha "Purple Ribbon". A partir de 1960, são realizadas demonstrações do Aikidô. Em 1969, ocorre o falecimento do fundador Mestre M. Uyeshiba, e seu filho Mestre Kishomaru Uyeshiba torna-se oficialmente o herdeiro e o segundo Doshu do Aikidô.

Lutadores do Kendô, em confronto em uma competição.

KENDÔ

Kendô – Caminho da espada, de origem japonesa, com atualmente mais de 7 milhões de Kendô-kas, sendo o esporte mais preferido pela juventude.

Este esporte originou-se do Ken-Jitsu, que foi intensamente praticado pelos samurais para o aprimoramento das técnicas de luta com a espada – "katana".

Para se entender a filosofia que rege a prática do Kendô, é necessário conhecer o desenvolvimento do Ken-Jitsu, que teve sempre um lugar de destaque no contexto da transformação sócio-econômico-política e cultural do Japão.

Acredita-se que o Ken-Jitsu tenha sido implantado pelos primeiros imperadores que fundaram o País. Dessa época para cá, sempre tivera um desenvolvimento paralelo com a nação nipônica. Mas, o seu verdadeiro progresso foi a partir do século XII, quando surgiram os samurais intelectuais, mestres que se dedicaram ao ensinamento da arte de esgrimir fundando suas academias.

No século XVI, os samurais, principalmente os intelectuais, receberam fortes influências do Budismo e do Confucionismo, cujas doutrinas vieram enriquecer sobremodo a filosofia que norteava o estudo do Ken-Jitsu. Do Budismo, os samurais absorveram a meditação para viverem em harmonia e paz com a natureza, e do Confucionismo, as normas dos preceitos morais e éticos da vida.

O apogeu do Ken-Jitsu ocorreu no shogunato de Tokugawa quando introduziram nos treinos o uso da indumentária para proteção da cabeça, tronco e antebraço, para assim amortecer os golpes. Ainda para tornarem os treinos mais próximos das lutas reais, idealizaram uma espada de bambu flexível chamada – "shinai".

Com essa medida de segurança adotada, conseguiram tornar os treinos do Ken-Jitsu semelhantes às situações de lutas reais, sem grandes riscos, daí que os resultados obtidos foram incalculáveis.

Assim, graças ao novo método de treinamento, surgiram a partir dessa época grandes mestres do Ken-Jitsu, que se tornaram figuras lendárias, veneradas até hoje, como é o caso do grande samurai Miyamoto Mussashi, tido como "o samurai errante", autor e pintor de telas que alcançam grandes valores em moeda ainda hoje.

A grande parte desses mestres de Ken-Jitsu fundaram academias para ensinar a seus discípulos o seu estilo de luta.

A grande parte desses mestres de Ken-Jitsu fundaram academias para ensinar a seus discípulos o seu estilo de luta. Nos anais de Ken-Jitsu estão registrados mais de 200 estilos de lutas idealizadas pelos eminentes mestres, de eficiência comprovada nos campos de batalha.

No ano de 1867, houve uma mudança no regime político do Japão e foi extinta a classe dos samurais. Mesmo assim a prática do Ken-Jitsu continuou, não mais como arte marcial, mas como esporte sob a denominação do Kendô, para fins de formação do homem, dada a sua alta eficácia na educação física, moral e espiritual.

O Kendô está fundamentado em 10 estilos de golpes de ataque e 10 de defesa correspondentes, selecionados entre os 200 estilos legados pelos mestres do passado.

Uma das universidades fortes do Kendô no Japão é a Kokushikan, inclusive com filial aqui no Brasil.

As ilhas dos imortais. Obra de Wang Shen, da era Sung.

*A grande **muralha** da China, no império de Tshin Chi – Hoang.*

O famoso Tetagrama do Tao Chinês. A base da filosofia "Taoísta". Representa o Yin e Yang, princípio da dualidade em tudo que existe.

Desenho representativo do "Hara-Kiri", ato contido no Bushido – Código de Honra dos Samurais. No desenho acima, vemos a prática do Hara-Kiri e, como era de praxe, o melhor amigo do suicida, cortava-lhe o pescoço.

História do Karatê-Dô

O Karatê é essencialmente uma relação direta entre o tempo e a distância, pois indica precisamente a plástica que deslumbra em seus movimentos de precisão e beleza.

A origem do Karatê está escondida nos segredos do passado, embora exista uma grande quantidade de estilos "Ryu" do Karatê; a sua história é única, divergindo muito pouco de estilo para estilo, sendo ela contada de mestre para alunos no decorrer dos séculos.

Há aproximadamente 5.000 anos, viveu na Índia um rico príncipe, que desenvolveu uma das primeiras versões de autodefesa sem armas. Ele observou os movimentos dos animais nas florestas e estudou cuidadosamente seus métodos de defesa. Notou a ação usada pelo tigre para matar a sua presa com sucesso, observou também os movimentos de asas e pés dos pássaros.

O príncipe aplicou as técnicas de ataques dos animais ao corpo humano e descobriu, assim, que muitas delas podiam ser empregadas com sucesso. Experimentou-as então em seus escravos, para assim descobrir os pontos vulneráveis do corpo humano. A história conta que ele sacrificou mais de 100 escravos. Ele enfiava compridas agulhas no corpo do infeliz, até que a picada resultasse na morte do mesmo. Com essa experiência mesquinha, teve o tão procurado sucesso.

Depois de ter estudado, sistematizado e padronizando algumas outras técnicas, esse método de autodefesa foi ensinado aos monges que peregrinavam pela Índia e pela China.

Esses monges que praticavam o Zen Budismo, chamados de I-Chin-Sutra, tinham na consciência que, com a prática dos exercícios físicos, ajudariam na salvação da alma e se aproximavam de Daruma (Deus). Dentre outros, destaca-se o monge Bodhidharma, considerado o 28º patriarca do Zen Budismo. Considerações essas, que provêm de duas fontes. Uma é o de Tao Hsuan, compilada na dinastia T'ang em 654 d.C., e a outra é a da transmissão da Lâmpada em 1004 também d.C.

Chegando à China através de suas peregrinações, esteve no Mosteiro Shaolin ensinando a teologia budista, também transmitiu aos monges deste mosteiro os dezoito movimentos básicos; junto com esses ensinamentos, ensinou-lhes o seu "Varjeramushi", que em sâncrito significa – Soco real.

O mosteiro Shaolin fica na província de Honan na China. Logo após a retirada desse monge, foi invadido por Manchus, pelo fato do país estar em conflito interno.

Antigo guerreiro Samurai

Com isso, o mosteiro foi praticamente destruído e muitos monges morreram com os combates; e outros, que conseguiram fugir, desapareceram temporariamente pelas montanhas; e outros continuaram fugindo para longe dos conflitos.

Dos ensinamentos do Bodhidharma contidos no Ekkin-Kyu, surgiu, após o término dos conflitos, o Shaolin-Su-kempo (Shorin-Ji-Kempo).

Antigos guerreitos em combates. Século XIV.

Por volta de 1371, o intenso comércio com a China, Korea e países do sudeste asiático, como Tailândia, Java, Filipinas, Sumatra e Malásia, a ilha de Okinawa tinha sua supremacia no arquipélago de Ryu-Kyu.

Essa ilha, que se localiza no lado ocidental do Pacífico, conhecida como a "Corda no Oceano", fica a cerca de 600 km ao sul do Japão, 600 km ao norte de Formosa e 700 km a leste da China. Sem dúvida nenhuma, ponto estratégico.

Em conseqüência desse comércio, houve também inevitavelmente um intercâmbio cultural.

Okinawa foi palco de diversos conflitos e inúmeras invasões; conseqüentemente, o assolamento do seu povo foi estarrecedor. Quando a ilha foi dominada pelo Japão, conheceu-se o Okinawa-tê, desenvolvido pelos aldeãos, originário do Kempo (Shaolin-Su-Kempo) vindo da China, como também o Pa-Kua e Tai-Chi.

A ilha de Okinawa, por volta de 1427, era dominada pelo Rei de Chuzan – Sho Hashi; logo em seguida, por volta de 1670 – ficou sob o domínio do estado de Satsuma.

O Karatê assumiu então seu papel em três localidades: na capital, Shuri, com o nome de "Shuri-tê"; na cidade portuária de Tomari, com o nome de "Tomari-tê"; na cidade comercial de Naha, com o nome de "Naha-tê".

As regiões de Shuri-tê e Tomari-tê deram origem aos seguintes estilos de karatê: Shorin-Ryu, Shoto-kan e Wado-Ryu. O Naha-tê, ao estilo Goju-Ryu, etc.

Nessa época, grandes nomes surgiram como: Sokon Matsumura, Anko Itossu, Ioshimine, Tawata, Kiyuna, Kawas; mais tarde, outros como: Gichin Funakoshi, Chibana, Yabu, Hanashiro, Tokuda, Mabuni, Gussukuma, Yamakawa, Miyagi, Otsuka, Kenywa, Siwa e outros.

Em 1902, o mestre G. Funakoshi e alguns de seus alunos deram a primeira exibição pública e formal para o Comissário das Escolas da Prefecture Kagoshima do Japão, Ozawa Ahintaro, que ficou bastante impressionado pela arte.

Entre 1916 e 1917, G. Funakoshi foi convidado, como representante da Prefecture Okinawa, para demonstrar a sua arte no Butokuden – centro de atividades marciais.

Devido à guerra com a China, o povo japonês não aceitava nada que fosse representativo da cultura chinesa, como reflexo da guerra.

Esta Arte Marcial, como ainda não possuía um nome definido, era conhecida como "Tode" – mãos chinesas. Seus praticantes a treinavam às escondidas, para que não fossem descobertos e, conseqüentemente, torturados, para que delatassem os nomes de seus companheiros. Para se ser admitido entre esses grupos, o pretendente teria de ser apresentado por um dos integrantes dos "karatecas"; mesmo assim, eram submetidos a rigorosas provas, para assim mostrarem coragem, resistência física e espiritual, a suportarem os flagelos, caso fossem pegos pelos soldados.

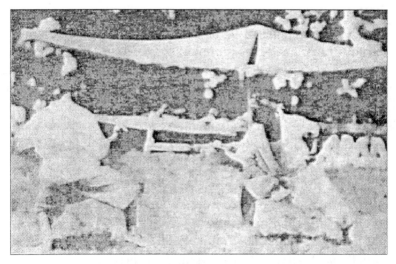

Lutadores, praticando o antigo Kempo (ilha de Okinawa).

Com sua ida ao Japão, no início da primavera de 1922, a pedido do Ministro da Educação, foi demonstrar a sua arte na 1ª Exibição Nacional Atlética de Tóquio. Com esse advento, solidificou o propósito do mestre, com a arte Okinawa.

Gichin Funakoshi, por ser um dos mais antigos praticantes do Okinawa-tê, fora escolhido pelos seus companheiros e, para sua felicidade, os seus primeiros mestres ainda se encontravam vivos, Azato e Itossu.

O mestre Funakoshi, além de ser mais velho, era o mais culto, instruído e tinha a palavra fluente, falava corretamente o idioma japonês, e estava familiarizado com seus costumes, condições que os outros mestres de Okinawa não possuíam. Era aberto e devotado ao conceito de que o Karatê deveria ser desenvolvido como método de autodisciplina, melhoria da saúde e desenvolvimento do caráter.

Com essa abertura, o Karatê surge no Japão definitivamente, e outros mestres tiveram a oportunidade de mostrar seus trabalhos e assim nos legar o Karatê-Dô que praticamos hoje.

Como o Okinawa-tê tinha influência acentuada da cultura chinesa, tanto que seu nome anterior era "Tode", que significa – Mãos chinesas, e Okinawa-tê, Mãos de Okinawa, que tinha fundamento na dinastia Tang da China, o mestre G. Funakoshi então idealizou o nome Karatê. Mesmo assim, teve que modificar o "Kanji" – Kara, fundamentando-se na filosofia Zen, que quer dizer vazio. Por volta de 1935, escreveu o livro – Karatê-Dô Kyohan.

O estilo Shotokan apareceu, em virtude de que alguns alunos do grande mestre Funakoshi tinham fundado o primeiro "dojô" independente. Em 1945, esse dojô foi destruído na Segunda Grande Guerra e muitos de seus alunos foram mortos. Após o final da guerra, com o que restou, fundou em 1949 o Nihon Karatê Kyokai. Como já tinha 81 anos de idade, recebe o cargo de Instrutor Emérito; assim, o comando geral fica nas mãos do seu aluno mais velho Masatoshi Nakayama, pois seu filho já tinha falecido, e o mestre Hidetaka Nishiyama como chefe do Comitê de Instrução e Graduação.

O estilo Shorin-Ryu deve homenagem ao grande mestre Itossu Anku, mais tarde, dirigido pelo mestre Chibana e atualmente o dirigente internacional é o mestre Katsuya Miyahira.

O estilho Goju-Ryu reverencia o mestre Chojun Miyagi. O representante oficial internacionalmente é o grande mestre Gogen Yamaguchi, conhecido também como – O gato.

Do estilo Shito-Ryu, dá-se como fundador o mestre Mabuni.

O estilo Wado-Ryu, criado por H. Otsuka, teve sua solidez na abertura de sua primeira escola em 1911, com o nome do Wado-Ryu Karatê Jitsu, e uma escola com o nome de Wado-Ryu Jitsu Kempo.

Mais uma outra contribuição dada por G. Funakoshi, foi a criação e a agregação da partícula "Dô" – caminho espiritual, da sinceridade, da harmonia, etc., assim concretizando os objetivos do Karatê-Dô.

Dentre estes grandes adventos, o Karatê-Dô teve algumas transformações, dando assim aos praticantes a oportunidade de tê-lo como esporte competitivo. Os "Kata" seriam executados sem armas, e regulamentos para "Shiai-kumitê" – luta de competição. O primeiro campeonato realizado pela All Japan Karatê-Dô, foi em 1957, aproximadamente a dois meses da morte de Gichin Funakoshi.

Grande mestre Gichin Funakoshi
(1869 – 1957)

Antigo Kodo-Kan onde se deram as primeiras aulas do Karatê-Dô ministradas por G. Funakoshi.

Kodo-Kan atual.

OS CAMINHOS DO KARATÊ

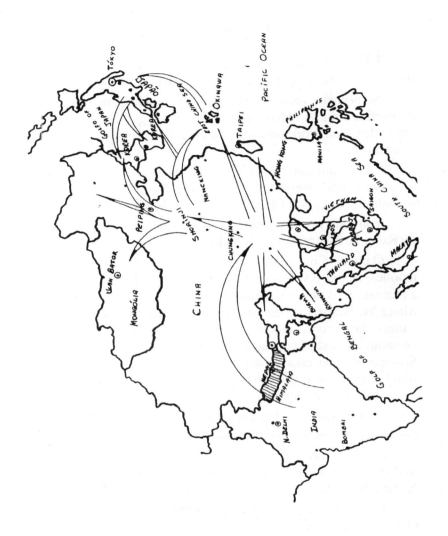

JIU-JITSU

Historiadores dos Artes Marciais concordam em dois pontos de vista, no que diz respeito à aparição do Jiu-Jitsu.

Na primeira versão, acredita-se que tenha aparecido antes da escrita com os nativos da região. Na segunda, que tenha vindo da China. Pode-se combinar estas duas versões, criando-se uma outra.

Consta que determinado monge budista, de nome Ennin, do monte Hiei, esteve na China entre 838 e 847 d.C., ficando nas vilas Loang e Kai Feng, próximo ao Mosteiro Shaolin.

Voltando posteriormente ao Japão, divulgou as técnicas do Kung Fu adquiridas no Templo.

O chinês Chin Gempim (1587 – 1670), naturalizando-se japonês, trouxe o Go-Ti e Chin-Na "Kakutei-Jitsu", ensinando a três samurais na época: Fukuno Masakatsu (Hichi Roemon), Miura Yoshitatsu (Yojiemon) e Isoegai Jirosaemon. Os três fundaram suas próprias escolas. Um outro personagem que aparece também nesta história é o famoso médico de Nagasaki, Shirobei Akiama, criando seu próprio estilo chamado de Yoshin-Ryu Jiu-Jitsu, isso depois de ter estudado os métodos de Hakuda e as 20 técnicas de Shiatsu.

Com a influência dos Takigawa, o Jiu-Jitsu teve sua divulgação e expansão bastante ascendente.

Em 1868, com a restauração do poder do império (era Meiji), abre-se as portas para o Ocidente. Com o Budismo e o Xintoísmo, exalta-se o Zen e moraliza-se o Budô.

Baseando-se nestas principais e importantes fontes, enumero aqui alguns dos estilos predominantes da época.

TAKEONOUCHI-RYU

A sua história inicia-se em 1532, com o seu fundador Hisamori. Depois de estudar o "bokken" e "jo" no Templo

Sannomiya na província de Okayama. Conta-se que, durante um intenso treinamento em que chegou à exaustão, dormia, em função do cansaço dos treinos. Durante o sono, teve um sonho em que lhe aparecia um "Yamabushi" – Guerreiro que vivia nas montanhas, demonstrando-lhe maravilhosas técnicas. Ao acordar, resolveu treiná-las e, depois, divulgá-las. Daí, veio a mudar seu nome para Toichiro Takenouchi. Nessa época, famosos samurais foram seus discípulos. Mais tarde seus filhos fizeram uma demonstração para o imperador Gomizuni; tão impressionado ficou que denominou a arte "Nonoshita Toride Kaizen" – a arte de combate suprema e inigualável. O imperador então autorizou aos seus praticantes a usarem a faixa púrpura, a cor imperial, por suas técnicas de Jiu-Jitsu e Nojo-Jitsu (imobilização com 2 cordas).

Em paralelo a esta escola, treinava também as técnicas das seguintes armas: "Jo-Jitsu", "Naginata" e "Tsukabukuro" – sabre curto. A história conta também que o filho caçula desse mestre foi companheiro do famoso samurai Miyamoto Mussashi. Diz-se que nessa escola foram desenvolvidas 630 técnicas e, transferidas de pais para filhos cuidadosamente, foram preservadas até o 13º descendente atual, que tem o nome Toichiro Takeouchi. Atualmente, as técnicas foram reduzidas para 150.

YOSHIN-RYU

Existem duas versões para explicar a sua história.

A primeira, é sobre a história da árvore do salgueiro. Impressionado com a flexibilidade do salgueiro, Shirobei Akiama desenvolveu o seu Jiu-Jitsu, do qual alguns anos mais tarde o grande mestre Jigoro Kano veio a usufruir com maestria, criando assim o Judô.

A segunda versão, tem como personagem principal o médico Yoshin Miura, desenvolvendo 70 técnicas, com o objetivo de cultuar o corpo e o espírito; ele acreditava que as doenças eram motivadas por um desequilíbrio entre ambos.

Esse mestre teve dois discípulos que fundaram duas escolas: Yoshin-Ryu e Miura-Ryu.

KITO-RYU

Escola também muito importante quanto à Yoshin-Ryu, também influenciou o mestre Jigoro Kano. Este estilo veio de um dos três samurais formados pelo chinês Chin Gempin, chamado Fukino Masakatsu, denominando a escola de Fukino-Ryu. Posteriormente, alterado para "Shinto-Ryu-Wa-Jitsu", por Heizamon Terada, aluno de Fukino. Com o tempo, acabou por se chamar Kito-Ryu.

No começo essa escola tinha, como princípio, a busca dos elementos espirituais. Ela se baseava na idéia do "Wa" Harmonia, Paz, Concórdia. Dois grandes nomes da época: Tsunetoshi Likudo (ensinou a Jigoro Kano) e Tosawa Takusaburo (ensinou a Morihei Uyeishiba).

Outros grandes estilos de Jiu-Jitsu, também tiveram posições marcantes na história das Artes Marciais, como: SOSOISHITSU-RYU, SEKIGUCHI-RYU, SHIBUKAWA-RYU, KUSHIN-RYU, TAKEDA-RYU, TEN-JIN-RYU, DAITO-RYU e outros mais.

Antigos lutadores de Kendô (Quadro antigo mostrando uma luta, entre três Samurais no século XV, época do Imperador Gomizuni).

* *Kanji original do estilo Wado-Ryu.*

GENEALOGIA DO JIU-JITSU E KARATÊ-DÔ WADO-RYU

KARATÊ-DÔ

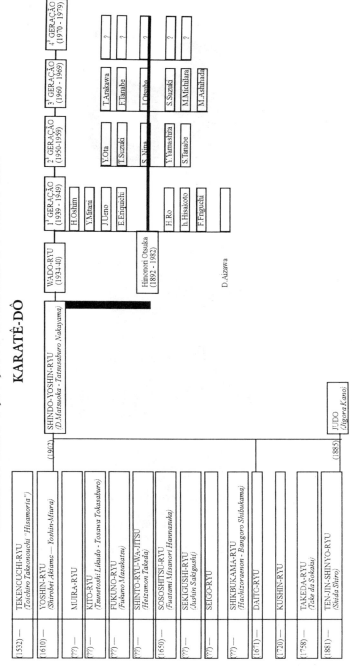

HIRONORI OTSUKA

(1892 – 1982)

Para se falar do Karatê-Dô Wado-Ryu, primeiro é necessário que se faça um perfil do seu criador.

O grande mestre Hironori Otsuka, nasceu em 1º de junho de 1892, na cidade de Ibaragi-ken no Japão. Veio a falecer em 29 de janeiro de 1982.

Seus primeiros passos no Budô aconteceram em 1897 com (05) cinco anos de idade, iniciando-se no Jiu-Jitsu, na escola de Chijiro Ehashi, instrutor oficial da família Tsuchiura (tio da mãe do garoto Otsuka). O ambiente severo da época (ainda com linhagem samurai), viria constituir-se em uma base sólida para a educação daquele menino.

Durante a primavera de 1911, diversifica seus conhecimentos, trabalhando vários métodos de Jiu-Jitsu, optando mais tarde pelo Yoshin-Ryu Jiu-Jitsu Dai. Nessa época também, já com 19 anos de idade, ingressa na Universidade Waseda em Tokyo.

Em 1º de junho de 1922, ao completar 30 anos de idade, o grande mestre Nakayama "Yuki Oshi", 3º sucessor do seu mestre no estilo (D. Matsuoka), encaminha o jovem Otsuka às lições do mais alto e profundo nível da doutrina, embutidas nas técnicas do Shindo Yoshin-Ryu Jiu-Jitsu. Também é escolhido pelo seu mestre para representá-lo, e ficar como o 4° sucessor do grande mestre T. Nakayama recebendo o título de mestre "Menkyo-Kaiden", o mais alto diploma do Budô, título que existe ainda em nossos dias, e tem mais valor que o Dan.

Com seus conhecimentos de Jiu-Jitsu e do Kempo okinawense e, observando as qualidades técnicas contidas nestas duas diferentes artes marciais, origina-se o Kumitê, Gyaku nage, Idori, Ta-shiai, Tankeu-dori e Shiken-shirake-dori, dando embasamento à escola Wado.

Quando das festividades no Butokuden, em Kyoto, em que participava das artes marciais japonesas, resolve-se nesse ano (1938) enfatizar os criadores de cada escola. Nesse dia, dá-se o primeiro nome a este estilo; Shinshu Wado-Ryu Karatê Jiu-Jitsu. Alguns meses depois, esse nome é mudado para Wado-Ryu Jitsu Kempo, onde nasce o "Jiu-Kumitê – combates livres, e mais tarde, definitivamente Wado-Ryu.

Em 26 de abril de 1966, o grande mestre Otsuka, é laureado pelo Imperador Hiroito do Japão, com o diploma de Kung Goto, a 5ª Ordem do Mérito – Cordão do Sol Nascente.

Mais tarde, em 09 de outubro de 1972, recebe da IBF – International Budo Federation – (Federação Internacional de Budô) o 10º Dan de Karatê-Dô, juntamente com o título de Mejin – Mestre dos Mestres. Título atingido até então pelos mestres Kyuzo Mifune em Judô e Hakuda Nakayama em Kendô.

Como corolário, em 31 de março de 1974, recebe da JKF – Japan Karatê Federation (Federação Japonesa de Karatê) o título de Hanshi – Grão Mestre. O mais alto grau de instrutor de Karatê.

Dos alunos mais antigos que treinavam com o grande Otsuka, citamos: Eto, Lee, Hirakawa, Otsuka (filho), Kihara Shimizu; nessa época, o Dojô era em sua própria casa.

Sob a orientação do mestre Hironori Otsuka, já passaram grandes mestres; entre estes, citamos alguns que deram continuidade ao trabalho desse mestre: H.Oshiem, H.Bô, Y. Mitani, H.Hisagodo, J. Ueno, E.Eriguchi, D.Aizawa, Y.Ota, S.Niwa, Y.Yamashita, T.Suzuki, S.Tanabe, S.Michihara, F.Tanabe, M.Ashihada, T.Arakawa e seu próprio filho Jironori Otsuka. Que após a morte do seu pai, ficou como o represente máximo no mundo do estilo Wado-Ryu.

A Escola

O estilo Wado-Ryu tem suas raízes num passado distante, passado esse, sem dúvida nenhuma, turbulento pela insensatez de alguns, com sede de conquista incontrolável; dessa aflição, deságua na "arte de se defender com as mãos vazias", que na realidade, teve um papel importantíssimo para os aldeãos e o povo de um modo geral da região, pelo fato de que toda a Ásia estava em conflito. O povo sendo massacrado e, notoriamente, vencendo os mais fortes e poderosos.

Okinawa, por se localizar em área estratégica do ponto de vista militar, no arquipélago de Ryu-Kyu, tornou-se uma área supercobiçada pelos "Shogun". Sendo ponto de constantes explorações com o propósito de domínio. Pois as ilhas Ryu-Kyu tornavam-se um "Cordão no Pacífico".

Por volta de 1638, chega em Okinawa o chinês Wang Ji, emissário enviado do Reino Central da China, com o propósito de influenciair o povo das ilhas Rope, no sentido de uma permuta cultural e comercial.

Consciente de que seu propósito tinha atingido o ponto máximo, e tendo a consciência de ter cumprido sua espinhosa missão, retornou à sua terra natal.

Wang Ji teria implantado naquela pequena região os hábitos e a cultura chinesa, tomando lugar em todas as lacunas da sociedade okinawense. Todavia, Wang Ji não poderia imaginar o impacto de sua influência séculos mais tarde, com o surgimento Karatê.

O Karatê-Dô Wado-Ryu, teve sua aparição, quando já se distinguiam as três principais regiões da ilha de Okinawa; Naha, Shuri e Tomari. Em seguida, receberam seus nomes caraterísticos como: Naha-tê (mão do norte ou estilo do norte); Tomari-tê (mão do centro ou estilo central); Shuri-tê (mão do sul ou estilo do sul), dando origem aos primeiros e principais estilos do Karatê-Dô como: Goju-Ryu, Shorin-Ryu, Shotokan, Wado-Ryu, Shito-Ryu.

Nessa época, os nomes exaltados e reverenciados eram: Sokon Matsumura, Anko Itossu, Ioshime, Towata, Kiyuna,

Entrada do Castelo do rei de Okinawa – Shurei no Kuni (País de cortesia).

Kawas, etc.; mais tarde, surgiram outros como: Gichin Funakoshi, C. Chibana, Yabu, Hanashiro, Tokuda, Mabuni, Siwa e outros como H. Otsuka.

Oriundo do Shuri-tê (mão do sul de Okinawa ou estilo do sul), o Karatê-Dô Wado-Ryu teve suas iniciantes glórias, com o grande mestre Hironori Otsuka, depois de ter estudado as várias hipóteses de combate e movimentos concernentes ao "jitsu" (arte dos samurais), com o grande mestre T. Nakayama da escola Chojiro Ehashi, estilo Yoshin Ryu Jiu-Jitsu. Utilizando também a cinética do corpo humano.

Do Kempo, esse mestre aproveitou todos os golpes diretos e indiretos, defesas (bloqueios) e a filosofia de combate. Do Jiu-Jitsu, ele tirou os deslocamentos, chaves, torções, imobilizações e projeções.

O primeiro nome desta arte marcial surgiu mais ou menos em 1928 como: Shinshu Wado-Ryu Karatê Jiu-Jitsu, pelo fato do mestre Otsuka ter exaltado o nome de Shiro Yoshitoki Akiyama, criador do Yoshin Ryu (onde o mestre H. Otsuka pesquisava as técnicas para a criação do seu estilo); depois, chamou-o de Wado-Ryu Karatê-Jitsu; mais tarde, Wado-Ryu Karatê Kempo e, definitivamente, Wado-Ryu. Em 1929, foi criado o Japan Society of Ancient Martial Arts (Sociedade Japonesa de Antigas Artes Marciais). Essa escola participou dessa organização como Wado-Ryu Karatê-Dô (primeiro caso de uma escola de Karatê ter o seu próprio nome).

A escola Wado-Ryu conservou os nomes originários de suas técnicas, sob as ordens do seu criador, o que é respeitado pelos mestres e professores até nossos dias.

Para enriquecer este estilo, além do Jiu-Kumitê, aparecem também, Gyaku-nage, Idori, Ta-Shiai, Tankeu-dori e Shikenshirake-dori, além do Kihon, Kata, Kihon-kumitê, Yakoshoku-kumitê e o próprio Kumitê.

Nessa época, da criação dos vários estilos do Karatê-Dô, cada uma destas linhas teve influências tradicionais da época. No estilo Wado, quando da criação dos Kata, em respeito e reverência ao emissário chinês que esteve em Okinawa por volta de 1683, de nome Wang Ji e, segundo historiadores, teve sua influência maior em Tomari Tê, onde, desenvolvendo um Kata na época, deram o nome de Kata Wan-Shu em homenagem a este artista marcial, pela contribuição dada à região de Tomari e influência do Tomari-tê.

A história conta que, após a chegada do mestre Wang Ji, chega na região o chinês Kong Shang. Pela falta de cultura do povo okinawense, chamava esse mestre de "Kusshan-Ku". Daí, o nome dado ao Kata Kusshan-Ku em memória e gratidão, respeito e reverência a este mestre.

O estilo Wado-Ryu tem uma supremacia com relação a outros estilos, pelo fato de estarem embutidos em suas técnicas movimentos do Jiu-Jitsu. As esquivas são encontradas em quase todos os movimentos técnicos do estilo Wado-Ryu fundamentadas pelo mestre H.Otsuka.

O Kihon é composto das seguintes técnicas:
1) – Sonoba-zuki, 2) – Jun-zuki, 3) – Gyaku-zuki, 4) Katte-jun-zuki, 5) – Kette-gyaku-zuki, 6) – Jun-zuki-tsukkomi, 7) – Kette-jun-zuki-tsukkomi, 8) – Shito-zuki, 9) Shito-uke, 10) – Gyaku-zuki-tsukkomi, 11) – Kette-gyaku-zuki-tsukkomi, 12) – Tobikomi-zuki, 13) – Tobikomi-nagashi-zuki.

Os kata, praticados atualmente no estilo Wado-Ryu, são:
1) – Kihon-Kata, 2) – Pin-an Ni-dan, 3) – Pin-an Shodan, 4) – Pin-an San-dan, 5) – Pin-an Yo-dan, 6) – Pin-an Godan, 7) – Kusshan-ku, 8) – Naifanchin, 9) – Passai, 10) – Seishan, 11) – Jion, 12) – Rorai, 13) – Chinto, 14) Wan-Shu, 15) – Jitte, 16) – Niseishi, 17) – Sochin, 18) – Di'in, etc.

O Kihon-Kumitê empregado nos treinos são:
1) – Ippon-me, 2) – Nihon-me, 3) – Sanbom-me, 4) – Yon-hon-me, 5) – Go-hon-me, 6) – Roppon-me, 7) – Nana-hon-me, 8) – Hachi-hon-me, 9) – Kyu-hon-me, 10) – Jyu-pon-me, 11) – Jyu-ippon-me, 12) – Jyu-nihon-me, 13) – Jyu-sanbom-me, 14) – Jyu-yonhon-me, 15) – Jyu-gohon-me.

Para aplicação destas técnicas, utilizamos o Yakusshoku-kumitê, que traduz a pontualidade, a precisão, noção de distância e técnica. Nominamos, assim, "seme" quem ataca e "uke" quem defende.

O Kumitê, como já sabemos, é dividido em "shiai" e "jiu". No Jiu-kumitê, empregam-se todos os recursos necessários para a realização do mesmo, portanto, devido à sua periculosidade, não existe competição desta modalidade; os treinos do Jiu-kumitê, normalmente são efetuados dentro das escolas (dojô), tendo como mediador o professor mais velho e mais graduado. Para a sua prática, é necessário que os lutadores estejam portando graduação mínima de 3° Dan de Faixa Preta.

O Shiai-kumitê é a luta de competição, empregam-se as técnicas permitidas pela W.U.K.O. – World Union of Karatê-Dô Organization (União Mundial das Organizações do Karatê-Dô).

O estilo Wado-Ryu destaca-se entre alguns outros estilos, pelo fato de se embutirem em suas técnicas competitivas os deslocamentos precisos e as esquivas com contra-ataques, evitando, assim, o dissabor de um choque direto que, sem dúvida nenhuma, provocará machucões, que poderão até mesmo ser de grande gravidade. Com isso, o crescimento do estilo Wado foi bastante ascendente, chegando quase ao ápice do sucesso em todo o mundo, como toda Ásia, Europa, África e, mais recentemente, nas Américas.

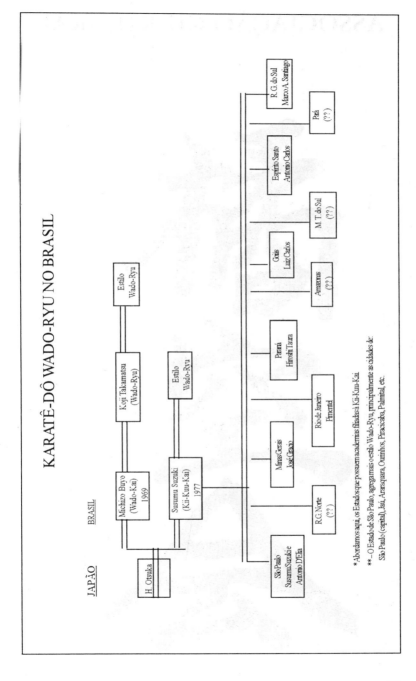

ASSOCIAÇÃO KII-KUU-KAI

Susumu Suzuki

KII-KUU-KAI

A associação Kii-Kuu-Kai de Artes Marciais, fundada aqui no Brasil em 1977, pelos mestres: Sensei Susumu Suzuki e Sensei Takeo Kikutake. Atualmente está localizada à Rua Clélia, 2159 – bairro Lapa – São Paulo-SP.

Essa Associação, desde a data de sua fundação, vem crescendo fortemente por todo o Brasil, não só outorgando alvarás de funcionamento, como também recebendo adesões e pedidos de fliliações.

Os diretores dessa organização vêm efetuando um trabalho digno de louvor em todos os aspectos. Com relação aos filiados, tratam-nos como se fossem uma só família, sem distinções ou preferências, como também têm o cuidado na transmissão das técnicas, no sentido de que sejam absorvidas corretamente, para assim manter e perpetuar e pureza do estilo Wado-Ryu ora apresentado pelo Kii-Kuu-Kai.

Anualmente é promovido um treinamento "Gasshuku" com o sentido de unificar, mostrar e dirimir as dúvidas com relação às técnicas Wado. Nesse treinamento, reúnem-se desde os iniciantes até os mais graduados, formando uma grande maioria dos karatecas de todo o Brasil, o qual se desenrola durante todo o sábado, mais ¾ do domingo. É realizado também anualmente campeonato brasileiro da Associação, com o sentido de uma avaliação técnica de suas filiadas e evolução dos karatecas.

A Associação Kii-Kuu-Kai de Artes Marciais tem uma preocupação constante com relação àqueles que dirigem academias filiadas a ela, principalmente no tocante a disciplina, filosofia empregada, conduta moral de seus integrantes e dos instrutores dentro e fora da academia. Portanto, para se ministrar aulas de Karatê da Kii-Kuu-Kai, é necessário ser 1º Dan de Faixa Preta e autorizado pela Associação, tendo como responsável um outro Faixa Preta com graduação mínima de 3º Dan. Essas graduações que refiro aqui são independentes das que os mesmos possuem nas federações, não menosprezando as federações, mas sentindo o direito de preservar o estilo, a integridade dos próprios como também de seus praticantes.

Templo Kokushikan Daigaku do Brasil. Anualmente reúne-se a "família" Kii-Kuu-Kai para o famoso treinamento "Gasshuku" brasileiro.
Nesta foto, entre outros, está presente o Sensei Susumu Suzuki, Takeo Kikutake, José Grácio.

Hoje a diretoria da Associação Kii-Kuu-Kai de Artes Marciais é a seguinte:

Fundador-Presidente:
Sensei Susumu Suzuki

1º Vice-Presidente:
Sensei Takeo Kikutake – Faixa Preta 6º Dan

2º Vice-Presidente:
Sensei Hiroshi Taura – Faixa Preta 5º Dan

Diretor-Técnico:
Sensei Ivon da R. Dedé – Faixa Preta 4º Dan

Diretor-Geral:
Sensei Antonio Cosme I. D'Elia – F. Preta 3º Dan

Diretor (SP/MG):
Sensei José Grácio G. Soares – F. Preta 3º Dan

PROGRAMA TÉCNICO INTERNACIONAL DA KII-KUU-KAI "Kii - Kuu - Kai no Shiken"

	KIHON	KATA	SHADÔ	KIHON KUMITE	YAKUSSOKU KUMITE (SHADÔ)	KUMITE
9ºKYU (Branca)	SONOBA-ZUKI JUN-ZUKI KETTE JUN-ZUKI GYAKU-ZUKI KETTE-GYAKU-ZUKI	KIHON-KATA	SEME 1,2,3,4 — .5,.7 OKURI-OUERI JUN-GYAKU-ZUKI			
8ºKYU (Amarela)	JUN-ZUK.TSUKKOMI KETTE-JUN-ZUKI.TSUKKOMI	PIN-AN-NIDAN				
7ºKYU (Vermelha)	SHITO-ZUKI SHITO-UKE	PIN-AN-SHODAN	UKE 1,2,3,4 GYAKU-GYAKU-ZUKI GYAKU-JUN-ZUKI KERI-KAWASHI KERI-KAWASHI-URA	NIHON-ME	1:HON-ME	
6ºKYU	GYAKU-ZUKI.TSUKKOMI KETTE-GYAKU.ZUKI.TSUKKOMI	PIN-AN-SANDAN	.5,.6,.7,.8 URA-UCHI KAWASHI-ZUKI GYAKU-OUERI KAMAE.KAETE-UKE	SAN-BON-ME		SHIAI
5ºKYU	TOBIKOMI-ZUKI	PIN-AN-YODAN	SEME 11,12,13,14 JUN-ZUKIE JUN-ZUKI JUN-ZUKIE GYAKU-ZUKI JUN-ZUKIE KETTE-JUN-ZUKI JUN-ZUKIE KETTE-GYAKU-ZUKI	YON-HON-ME		SHIAI
4ºKYU	TOBIKOMI-NAGASHI-ZUKI	PIN-AN-GODAN	.15,.16,.17,.18 MAE-OUERIE OKURI-OUERI MAE-OUERI EOKURI-MAE-OUERI MAE-OUERI E JUN-GYAKU-ZUKI KAMAE.KAETE-SEME E MAE-OUERI	GOHON-ME		SHIAI
3ºKYU	KU-KUU KAINO UTA	KUSHAN-KU	UKE 11,12,13,14 GYAKU-GYAKU.ZUKI E OKURI-OUERI GYAKU-JUN-ZUKI E OKURI-OUERI KERI-KAWASHI E MAE-OUERI KERI-KAWASHI-URA E OKURI-OUERI	ROPPON-MS		SHIAI
2ºKYU		NA-FAN-CHI	.15,.16,.17,.18 URA-UCHI E MAE-OUERI KAWASHI-ZUKI E MAE-OUERI GYAKU-OUERI E OKURI-OUERI KAMAE.KAETE-UKE E MAE-OUERI	NAJA-HON-ME		SHIAI
1ºKYU	SOKOBA-ZUKI ATÉ KU-KUU-KAINO UTA	PIN-AN-NIDAN ATÉ NA-FAN-CHI	SEME 11 ATÉ 18 UKE 11 ATÉ 18	IPPON-ME ATÉ NA-NAHON-ME	21:HON-ME ATÉ 28:HON-ME	SHIAI
1ºDAN	BASSAI DICH SEIENAI		SEME 21 ATÉ 28 SEME 11 ATÉ 18 MAS OKURI-OUERI UKE 21 ATÉ 28 UKE 11 ATÉ 18 MAS OKURI-OUERI	HACHI-HON-ME	31:HON-ME ATÉ 38:HON-ME:MESEME SHADO 11 ATÉ 18 MAS UKE 13 OU 14 (UKE 11 ATÉ 18)	SHIAI
2ºDAN	LOREAI WAN-SHU		SHADÔ.RENZCKU-OOROH	KYU-HON-ME IYU-PON-ME		IYC
3ºDAN			SOKU-OUERI.SHITO OKURI-SOKUTO KERI-OTOSHI-MAITOO KERI-ZATAKO-SHITO,MAITOO URA-SAKASHI-OUEDAN	IYU-NIHON-MG IYU-NIHON-MG IYU-SANHON-ME	41:HON-ME ATÉ 48:HON-ME	IYC
5ºDAN			SOKU-OUERI.TOBIKOMI-SOKUTO,SHITO MAE-OUERI.SHITO SOKU-OUERI,SHITO-MAZOKI,SOKU- OUERI,TOBIKOAI-SOKUTO	IYU-YOHHON-MG IYU-OOHON-ME	51:HON-ME ATÉ 58:HON-ME	IYC

SUSUMU SUZUKI

Quero dedicar aqui algumas páginas deste livro ao mestre, Sensei Susumu Suzuki, como uma pequena homenagem pelo que tem feito pelo povo brasileiro, especialmente no que diz respeito ao Karatê-Dô, instruindo-os, educando-os nas sendas filosóficas e técnicas do estilo Wado-Ryu, que o mesmo é detentor de inigualável perfeição, fazendo jus ao que lhe foi confiado pelo grande mestre Hironori Otsuka como também do seu filho, atualmente autoridade máxima no mundo, do estilo.

Como um dos seus vários alunos, rendo as minhas homenagens, e tomo a liberdade de falar em nome daqueles mais antigos, que, sem dúvida nenhuma, contribuíram para a consolidão das bases da Kii-Kuu-Kai quando da sua fundação.

(Da direita para esquerda) Sensei Susumu Suziki em um dos treinamentos de esquiva do Wado-Ryu.

O Sensei Susumu Suzuki nasceu em 10/09/45 na província de Hokaido no Japão.

Iniciou seus caminhos no Budo na cidade de Takikawa. Logo mais, ingressou na Universidade Rissou e começou a praticar o Karatê-Dô Wado-Ryu; na época, essa universidade era uma das mais fortes na prática deste estilo.

Em junho de 1966 recebe o seu 1º Dan de Faixa Preta, dando-lhe a maioria nos conhecimentos técnicos de base do estilo. Em junho de 1968 foi promovido a 2º Dan de Faixa Preta, tornou-se técnico da Universidade Rissou em abril de 1970. Devido a seus esforços e contínuos treinamentos, logo se percebeu seu destaque técnico, filosófico e espiritual, e, como recompensa foi promovido a 3º Dan de Faixa Preta em 1971. Com essa graduação foi escolhido para ser um dos titulares da equipe matriz Wado-Ryu.

O Sensei Susumu Suzuki continuou com sua dedicação, que inclusive ainda é o seu forte, no aprimoramento técnico de seu Karatê. Em 1974 foi promovido a 4º Dan de Faixa Preta. Com essa graduação, recebe o título de Árbitro Nacional Japonês e é laureado com o título de Professor Técnico Internacional.

Sensei Suzuki, Na execução de um Kata do estilo (Pin-an Yo-dan). Os Kata Wado-Ryu, apresentam uma diferença em relação a outros estilos, pelo fato de as bases serem posicionadas um pouco mais altas.

Em abril de 1975, veio para o Brasil. Foi Diretor Técnico da Wado-Ryu do Brasil, Árbitro Coordenador e professor responsável da academia Wado-Kan (Pinheiros), São Paulo-SP.

Em 1977 funda a "Kii-Kuu-Kai" no Brasil, juntamente com o mestre, Sensei Takeo Kikutake, este vindo do Goju-Ryu e Shotokan.

Sensei Susuki, na execução do Kata Horai, especialmente do estilo Wado-Ryu.

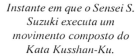

Instante em que o Sensei S. Suzuki executa um movimento composto do Kata Kusshan-Ku.

CRITÉRIO TÉCNICO PARA AVALIAÇÃO

Matéria

I – Tsuki-Waza (técnicas de soco)
- Sonoba-zuki
- Jun-zuki
- Gyaku-zuki
- Kette-jun-zuki
- Kette-gyaku-zuki
- Jun-zuki-tsukkomi
- Kette-jun-zuki-tsukkomi
- Shito-zuki
- Gyaku-zuki no tsukkomi
- Kette-gyaku-zuki no tsukkomi
- Tobikkomi-zuki
- Tobikkomi-nagashi-zuki
- Renzoku-waza

II – Uke-Waza (técnicas de defesa)
- Jodan-uke
- Guedan-barai
- Shito-uke
- Soto-ude-uke
- Uchi-ude-uke

III – Keri-Waza (técnicas de chute)
- Mae-geri
- Mawashi-geri
- Yoko-geri
- Sokuto-kehanashi-geri
- Sokuto-kekomi-geri
- Tobi-geri
- Nidan-geri
- Ushiro-mawashi-geri
- Ushiro-geri
- Rensoku-waza

IV – Kata (lutas imaginárias com vários adversários).
- Kihon-Kata
- Pin-an Ni-dan
- Pin-an Sho-dan
- Pin-an San-dan
- Pin-an Yo-dan
- Pin-an Go-dan
- Kusshan-ku
- Naifantin
- Passai
- Seishan
- Dion
- Tinto
- Niseishi
- Rohai

- Wanshu
- Jite
- Di'in
- Sochin

V – Kihon-Kumitê (técnicas básicas de luta)
- Ippon-me
- Nihon-me
- San-bon-me
- Yon-hon-me
- Gohon-me
- Roppon-me
- Nana-hon-me
- Hachi-hon-me
- Kyu-hon-me
- Jyu-pon-me
- Jyu-ippon-me
- Jyu-nihon-me
- Jyu-san-bon-me
- Jyu-yon-hon-me
- Jyu-gohon-me

VI – Yakussoku-Kumitê (técnicas combinaadas de luta)

SEME	UKE
• Shado-seme-ichi	• Shado-uke-ichi
• Shado-seme-ni	• Shado-uke-ni
• Shado-seme-san	• Shado-uke-san
• Shado-seme-shi	• Shado-uke-shi
• Shado-seme-go	• Shado-uke-go
• Shado-seme-roku	• Shado-uke-roku
• Shado-seme-nana	• Shado-uke-nana
• Shado-seme-hachi	• Shado-uke-hachi

- Shado-seme-jyu-ichi
- Shado-seme-jyu-ni
- Shado-seme-jyu-san
- Shado-seme-jyu-shi
- Shado-seme-jyu-go
- Shado-seme-jyu-roku
- Shado-seme-jyu-nana.
- Shado-seme-jyu-hachi

- Shado-uke-ichi
- Shado-uke-ni
- Shado-uke-san
- Shado-uke-shi
- Shado-uke-go
- Shado-uke-roku
- Shado-uke-nana
- Shado-uke-hachi

- Shado-seme-ni-jyu-ichi
- Shado-seme-ni-jyu-ni
- Shado-seme-ni-jyu-san
- Shado-seme-ni-jyu-shi
- Shado-seme-ni-jyu-go
- Shado-seme-ni-jyu-roku
- Shado-seme-ni-jyu-nana
- Shado-seme-ni-jyu-hachi

- Shado-uke-jyu-ichi
- Shado-uke-jyu-ni
- Shado-uke-jyu-san
- Shado-uke-jyu-shi
- Shado-uke-jyu-go
- Shado-uke-jyu-roku
- Shado-uke-jyu-nana
- Shado-uke-jyu-hachi

- Shado-seme-san-jyu-ichi
- Shado-seme-san-jyu-ni
- Shado-seme-san-jyu-san
- Shado-seme-san-jyu-shi
- Shado-seme-san-jyu-go
- Shado-seme-san-jyu-roku
- Shado-seme-san-jyu-nana
- Shado-seme-san-jyu-hachi

- Shado-uke-jyu-ichi
- Shado-uke-jyu-ni
- Shado-uke-jyu-san
- Shado-uke-jyu-shi
- Shado-uke-jyu-go
- Shado-uke-jyu-roku
- Shado-uke-jyu-nana
- Shado-uke-jyu-hachi

* *Estas seqüências estendem-se, além das mostradas acima, a outras como: Shado-seme-yon-jyu (1 até 8 "seme/uke") e Shado-seme-go-jyu (1 até 8 "seme/uke").*

VI – Kumitê (luta propriamente dita)

- Shiai-kumitê
- Jyu-kumitê

AVALIAÇÃO TÉCNICA

O debutante aos graus do Karatê-Dô, quando posto às provas, já previamente elaboradas, é de se saber que o critério para avaliação obedecerá os seguintes itens:

TSUKI-WAZA:

I – O peso do corpo deve estar posto corretamente de acordo com a orientação de cada estilo;

II – O soco deve ser aplicado, utilizando o quadril em cadeia com o braço;

III – O ombro não poderá avançar antes do soco;

IV – Quando do deslocamento do corpo para a aplicação do soco, o quadril deve permanecer na mesma altura, não podendo variar no sentido vertical, para não aparecerem as famosas "ondulações";

V – O tornozelo deve estar rígido juntamente com o joelho;

VI – O pé da frente não poderá ficar aberto para fora;

VII – O soco deve ser aplicado na direção correta, usando-se "hikite";

VIII – Todo soco deve ser aplicado com potência e velocidade;

IX – Quando da aplicação do soco, o calcanhar da perna detrás não pode ser levantado;

X – O deslocamento para o soco deve ser dado corretamente;

XI – Na aplicação do soco, o braço deve estar completamente esticado, não podendo haver curvatura do cotovelo. Quanto ao punho, deve estar reto;

XII – Quando da avaliação, deve-se observar individualmente cada técnica, para assim qualificar o grau de perfeição.

JODAN-UKE (Jodan-age-uke)

UKE-WAZA:

I – Toda defesa, não deve ser utilizada além do necessário;

II – Deverá imperativamente utilizar o quadril;

III – A musculatura que envolve as axilas, deverá estar bastante contraída no ápice da defesa;

IV – Não é necessário o desagero na aplicação das defesas;

V – No instante da defesa, o antebraço em toda sua extenção deve rotar no momento das defesas;

VI – A perfeição técnica diz que o ombro não deverá forçar o movimento, e o corpo deve estar ereto;

VII – A força só pode ser utilizada no instante da defesa, nunca antes;

VIII – Para todas as técnicas, você deve estar sempre em alerta total – "zanshin".

MAE-GERI

KERI-WAZA:

I – O Calcanhar do pé de apoio não pode ser levantado;

II – Em todo movimento (chute) deve haver "hikiashi";

III – O joelho e o quadril devem estar condensados na aplicação do chute;

IV – Sempre que finalizar a aplicação do chute, deve-se retornar rapidamente à posição incicial que chamamos "naore";

V – O corpo não pode perder o equilíbrio;

VI – A perna de apoio, ou seja, a que vai ficar em contato com o solo, não pode ser esticada no ato do golpe;

VII – Após a finalização do chute, a perna que o dinamizou, deve retornar imediamente ao meio do corpo; em seguida, descansa na mesma posição inicial.

YAMA-ZUKI

KATA:

I – Todo Kata deve ser apresentado dentro das normas técnicas dos estilos reconhecidos pela WUKO World Union of Karatê-Dô Organization;

II – Deve haver um perfeito controle entre os principais itens: força, tensão e compreensão;

III – O olhar deve estar bem direcionado e concentrado;

IV – A direção dos movimentos do Kata deverá obedecer o "embu-sen" – traçado imaginário e pré-estabelecido;

V – Nas técnicas apresentadas no Kata deve haver compreensão e definição;

VI – Os movimentos deverão ter: controle, velocidade controlada de acordo com o Kata e ritmo;

VII – A respiração deve ser controlada, como também a expressão facial não deve sofrer alterações.

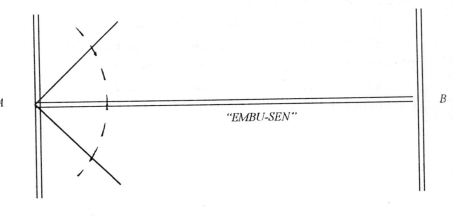

"EMBU-SEN"

KUMITÊ

I – O apresentante deve ter espírito e mostrar garra combativa;

II – O olhar do lutador deve estar concentrado em seu adversário, aplicação correta dos golpes, equilíbrio, tempo e distância;

III – O lutador deve possuir técnicas seqüenciais próprias, devendo ser mostradas;

IV – Todos os golpes deverão ser controlados;

V – O lutador deve possuir atitudes respeitosas e disciplinares com relação à pessoa humana do seu adversário;

VI – É imperativo que o lutador conheça regras de luta (competição).

O lutador, efetuando uma esquiva e aplicando determinado golpe, no instante em que o seu adversário é posto à sua mercê. Observe a eficácia do "kawashi" – esquiva.

Cabe ressaltar que as observações, citadas anteriormente, concernem às avaliações de graduações internacionalmente do estilo Wado-Ryu. Há de se saber que, aqui no Brasil, os critérios para avaliação cabem tão-somente à C.B.K. – Confederação Brasileira de Karatê e às federações estaduais.

GRADUAÇÃO E FAIXA

O ciclo de aprendizagem do Budoca é marcado e desenvolvido hierarquicamente através de graus adquiridos, como também as suas categorias, que se dividem em "Kyu" – graduação inferior, e "dan" – graduação superior.

Na verdade, é a evolução técnica, filosófica e espiritual que o postulante agrega durante a sua subida na escala das Artes Marciais, tendo, dentro desse tempo, dedicação, esforço físico e bastante afinco em seus estudos.

Eticamente falando, nunca se deve brigar por uma graduação acima da sua, ou tentar adquiri-la de maneira inescrupulosa, mas sim almejar com paciência, respeitando os interstícios ou etapas determinadas pelas Associações, Federações e Confederação.

Deve-se, conscientemente, usufruir do direito adquirido dentro da sua capacidaade técnica e aguardar o momento apropriado para determinado "exame" e, conseqüentemente, a colação do grau, o que deve aceitar com bastante normalidade e humildade.

O caminho das Artes Marciais é árduo e cheio de surpresas, principalmente, pondo o nosso Ego todo momento à prova.

Toda graduação exibida pelo praticante de Artes Marciais, deve ser oriunda de um Comitê técnico, que chamamos de "Banca Examinadora", normalmente constituída por Associações legalmente reconhecidas, Federações e Confederação. Os integrantes desses comitês, por questões éticas e justas, disciplinares e técnicas, deverão possuir gradução mínima de 3º Dan de Faixa Preta, ser idônea e com conhecimento comprovado do estilo que ali estará representando.

A hierarquia das Artes Marciais se diversificam um pouco, no que diz respeito aos estilos, modalidades e filosofia do fundador.

Vejamos em seguida um quadro comparativo das faixas e graus, com seus interstícios e divisões do Karatê-Dô

Um dia festivo na entrega de faixas

Quadro Comparativo

Graduação	Carência	Faixa	Motivo
8° Kyu	4 meses	Branca	Exame
7° Kyu	4 meses	Amarela	Exame
6° Kyu	4 meses	Laranja	Exame
5° Kyu	4 meses	Vermelha	Exame
4° Kyu	5 meses	Azul	Exame
3° Kyu	6 meses	Verde	Exame
2° Kyu	9 meses	Roxa	Exame
1° Kyu	12 meses	Marrom	Exame
Graduação	**Carência**	**Faixa**	**Motivo**
1° Dan	24 meses	Preta	Exame
2° Dan	36 meses	Preta	Exame
3° Dan	48 meses	Preta	Exame
4° Dan	36 meses	Preta	Exame
5° Dan	36 meses	Preta	Exame
6° Dan 7° Dan 8° Dan 9° Dan	A critério da Banca Examinadora	Preta	Por Méritos
10° Dan (*)			

(*) Normalmente é outorgada esta graduação a título póstumo, embora existam pessoas com a respectiva graduação, principalmente os mestres representantes dos estilos no Japão.

Considera-se o 5º Dan de Faixa Preta de Karatê-Dô, como último dos graus na versão hierárquica dos antigos mestres, haja vista que grandes mestres como: Matsumura, Funakoshi, Miyagi, Otsuka e outros não graduavam seus alunos ao 5º Dan, pois, para eles, o 5º Dan era o último dos graus e, pelo fato de serem genitores, a graduação última era a deles.

Hoje, já se tem uma outra concepção de graduação, no tocante aos graus evolutivos, como por exemplo:

O 1º Dan de Faixa Preta denota que o praticante concluiu com perseverança e determinação a escalada da graduação inferior "kyu". Do ponto de vista militar, corresponde ao posto de Tenente e começa assim uma outra caminhada, pois o laureado acaba de se integrar à categoria de "Yudansha".

O 2º Dan traduz que o karateca concluiu o seu caminho iniciado na formação estagiária de Instrutor de Karatê.

Do 3º ao 5º Dan de Faixa Preta de Karatê-Dô, é tido como professor ou mestre, dependendo da formação do graduado, pois o 3º Dan encerra o último etágio de aprendizagem técnica do Karatê-Dô; portanto, atingiu a maior idade técnica.

Os graus acima do 5º Dan, ou seja, do 6º ao 9º Dan, são outorgados às pessoas que conseguiram aprimorar-se espiritualmente e galgar importantes cargos ou posições na senda do Karatê-Dô.

Preparo Físico

A Organização Mundial da Saúde (OMS/WHO), considera a saúde, como "o estado de completo bem-estar físico, mental e social". A meta proclamada da OMS é atingir o mais alto nível possível de saúde por todas as pessoas. A aptidão física, por outro lado, é definida como "a capacidade de desempenhar as tarefas cotidianas com vigor e prontidão, sem fadiga indevida, e com ampla energia para desfrutar as atividades do tempo de lazer e para enfrentar emergências inesperadas".

A aptidão relacionada com a saúde requer um mínimo de níveis desejáveis dos quatro componentes básicos de aptidão física:

– Aptidão cardio-respiratória (coração, pulmão, circulação sangüínea);

– Gordura corporal;

– Força muscular;

– Flexibilidade das articulações.

Estes componentes são básicos, para a aptidão física , ajudam a reduzir a freqüência e severidade das doenças degenerativas e das condições associadas com a inatividade física, por exemplo: doenças cardíacas, coronarianas, obesidade (excesso de gordura) e fraqueza dos músculos e das articulações.

No Karatê, por se tratar de um esporte de explosão, o aquecimento bem feito é necessário para se alcançar índices satisfatórios nas evoluções técnicas, principalmente no que diz respeito à velocidade, destreza física, resistência muscular, flexibilidade e potência.

Para completar todo esse conjunto, é recomendado que o praticante tenha virtudes morais, evite os excessos na alimentação, fumo, bebida e hábitos desregrados, que fatalmente provocará a rápida falência do arganismo.

MÚSCULOS

Existem três tipos de músculos no corpo: músculo liso, músculo cardíaco e músculo esquelético. Tratamos aqui neste livro do músculo esquelético, que também chamamos de "estriado".

O músculo estriado esquelético é revestido por uma camada de tecido conjuntivo, que é desenvolvido da mesma forma que a camada externa da cápsula articular. Sua função é formar uma camada de deslizamento em relação ao músculo vizinho e dar ao músculo a sua forma.

Este tecido conjuntivo é também chamado de epimisil e é constituído principalmente de fibras colágenas. Se fizermos um corte no músculo, pode-se reconhecer, a olho nu, que ele é formado por pequenos feixes de fibras (fascículos). Cada feixe é envolvido por uma fina camada de tecido conjuntivo (perimísio). Nesta camada de tecido conjuntivo que é formada tanto por fibras colágenas quanto por fibras elásticas, ramificam-se nervos e vasos sangüíneos, antes de alcançarem finalmente as próprias células musculares.

As células musculares são também chamadas de fibras musculares. Sua constituição e função são minuciosamente explicadas na maioria dos livros de fisiologia. Por isso a descrição a seguir está bem resumida.

Os miofilamentos compõem-se de cadeias de moléculas protéicas.

A aparência estriada ocorre porque há dois tipos de miofilamentos, que são o filamento fino (o mais fino e, por isso, o mais transparente) e o filamento grosso (que forma a banda escura, já que é mais espesso).

Durante a contração do músculo, os filamentos finos (actina) deslizam entre os filamentos grossos (miosina). Isto leva a um encurtamento e espessamento das miofibrilas. As fibras elásticas que revestem as células musculares agem sobre as camadas de tecido conjuntivo.

As camadas de tecido conjuntivo são contínuas aos tendões musculares. Quando ocorre a contração do músculo, desenvolve-se uma força, que afeta a origem e o ponto de inserção do músculo com a mesma intensidade, mas em sentidos opostos.

Programa de Treinamento

Um programa de treinamento deve conter sempre exercícios de mobilidade adequados e executados corretamente, para manter a mobilidade natural das articulações e diminuir o risco de lesões no esporte. Um músculo submetido apenas ao treinamento de força, encurta. Com isso ele adquire uma amplitude menor de movimento, o que, por sua vez, diminui a sua capacidade de aproveitar bem as reservas elevadas de força.

Por isso, exercícios de força para um grupo muscular deveriam ser sempre seguidos de exercícios de mobilidade (exercícios de alongamento) para o mesmo grupo muscular. Nos exercícios de mobilidade, precisamos ainda diferenciar os alongamentos elásticos dos outros "stretchings".

Os exercícios de "stretchings", ao contrário, podem alongar um grupo muscular de maneira específica e rápida, e com isso aumentar a mobilidade das articulações.

A maioria das células do corpo tem a capacidade de se multiplicar. No entanto, isto não é válido para as células musculares estriadas. O número de células é determinado geneticamente. Portanto, com o treinamento de força, não aumentamos o número de células musculares, mas sim o número de filamentos finos e grossos, que são os responsáveis pela contração do músculo.

Desse modo, se quisermos treinar racionalmente, só devemos iniciar uma sessão de treinamento seguinte quando a supercompensação tiver atingido seu ponto máximo.

Se as sessões de treinamento forem muito próximas umas das outras, ou o treino muito forte, sem períodos de repouso especialmente longos, a regeneração das miofribilas nunca mais alcançará o nível anterior. Desse modo, o corpo do atleta vai-se desgastando lentamente, e fica hiperfraco.

Geralmente, o corpo necessita de 24 a 28 horas para se recuperar (depois de um treinamento extremamente forte de cerca de 72 horas).

Portanto, o atleta deve treinar relativamente forte três vezes por semana, a fim de elevar rapidamente a força de seu corpo.

Uma queda significante de força aparece só depois de 5 ou 6 dias de repouso. Assim sendo, aproximadamente uma sessão de treinamento por semana deveria bastar para manter a força corporal existente.

Como já citado, jovens, antes e durante a puberdade, deveriam utilizar apenas o próprio corpo como carga no treinamento de força.

Uma vez que para a criança de 11 ou 12 anos é difícil executar exercícios completos, deveriam ser evitados exercícios que exijam coordenação. Podem ser executados treinos mais leves com peso, para que os jovens se acostumem aos aparelhos e exercitem a técnica correta do movimento. Como anteriormente citado em relação às unidades motoras, aumentamos a força através da utilização de carga elevada (todas as unidades motoras devem estar ativadas).

Normalmente o valor padrão está entre 80 a 90% do máximo que podemos produzir.

Com isso, melhoramos a capacidade de produzir trabalho dinâmico máximo.

Se quisermos aumentar a força de resistência dinâmica, precisamos trabalhar com cargas que correspondem de 25 a 50% do desempenho máximo. O treino de resistência resulta na redução tanto da força máxima, quanto da rapidez do grupo muscular em questão.

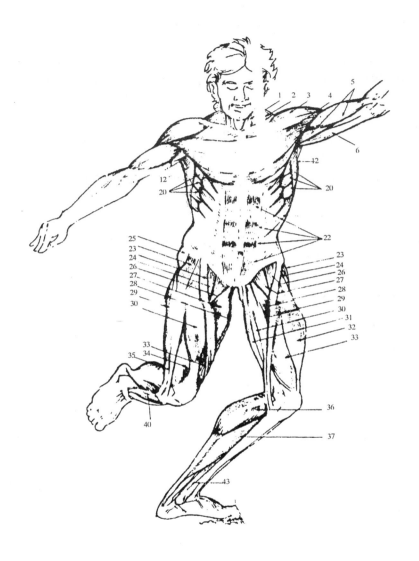

Figura 1

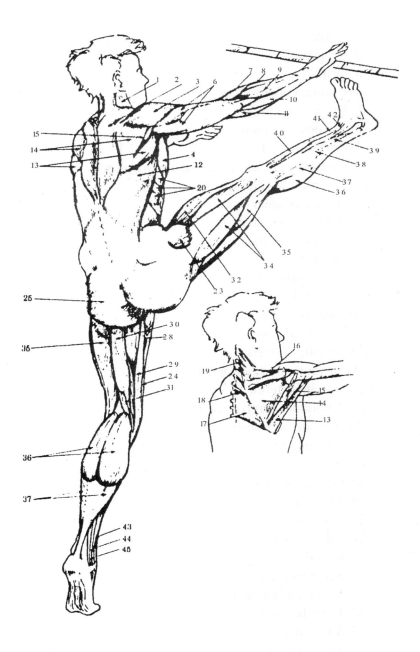

Figura 2

1. Esternocleidomastódeo
2. Trapézio
3. Deltóide
4. Peitoral maior
5. Bícepes do braço
6. Tríceps do braço
7. Braquiorradial
8. Extensores radiais do carpo longo e curto
9. Extensor dos dedos
10. Extensor ulnar do carpo
11. Flexor ulnar do carpo
12. Grande dorsal
13. Redondo maior
14. Infra-espinhal
15. Redondo menor
16. Supra-espinhal
17. Rombóide maior
18. Rombóide menor
19. Levantador da escápula
20. Serrátil anterior
21. Oblíquo externo do abdômen
22. Reto do abdômen
23. Tensor da fásica lata
24. Sartório
25. Glúteo máximo
26. Iliopsoas
27. Pectíneo
28. Adutor longo
29. Grácil
30. Semitendíneo
31. Semimembranáceo
32. Reto da coxa
33. Vasto medial
34. Vasto lateral
35. Bíceps da coxa

36. Gastrocnêmio
37. Sóleo
38. Fibular longo
39. Fibular curto
40. Tibial anterior
41. Extensor longo do hálux
42. Extensor longo dos dedos
43. Tibial posterior
44. Flexor longo do hálux
45. Flexor longo dos dedos

CONDUTA NO DOJO

É necessário que todo praticante de Artes Marciais, em particular o Karatê-Dô, saiba como se comportar e se conduzir dentro de um "Dojo" – local de treino das artes marciais.

Antes de mais nada, é importante que conheçamos o caminho por onde vamos passar e viver. O Dojo se divide em quatro partes, a saber: "joseki", "kamiza", "shimozeki", "shimoza".

O Dojo, por ser um lugar onde se cultua a mente, o corpo e o espírito, é um local digno de respeito e reverência, principalmente pelo fato de o seu nome originar-se do Bushido – código de honra e ética dos samurais.

O Joseki é o lugar reservado ao professor e seu assistente. O Kamiza é o lugar de honra e respeito, pois nele se encontra um altar "kamidana", ou foto de "O Sensei", o grande professor. Nesse altar, onde se encontra o Kamidana, acredita-se que o espírito do fundador encontra-se presente e ali se concentra grande energia. O Shimozedi é o lado inferior, ou seja, o lugar onde entramos no Dojo.

O Shimoza é o local onde ficam os alunos.

É importante que, nos treinos no Dojô, sigam uma rigorosa disciplina, cortesia e respeito.

Quando se começa uma aula, procede-se da seguinte maneira:

– Depois que todos já se encontram dentro do Dojô, evidentemente, e já terem se cumprimentado como também ao Sensei, e ao lugar de honra "kamiza"; toma-se a posição de "seiza" e, ao ouvir o comando do professor assistente, "kamiza-ni rei", cumprimenta-se o kamiza, em seguida o comando "sensei-ni rei", todos cumprimentam o professor titular, e por último, "otagai-ni rei", em que todos os alunos se cumprimentam sem sair do lugar.

Em algumas escolas, além destas formalidades de respeito e disciplina, usa-se um outro cumprimento a uma determinada dignidade chamada vulgarmente de "santo do karatê", nos seguintes termos: "Bu-no-kamissana-ni-rei", com o sentido de pedir proteção durante os treinos.

O bom praticante de Artes Marciais, ao se dirigir para um Dojô, deve estar adequadamente trajado com o seu "keiko-gi", no Karatê chamamos de "karatê-gi". Esse uniforme deve estar limpo e costurado. O desleixo mostra quem somos e a finalidade que nos dirige e nos impulsiona, se é forte ou fraca, se digna ou indigna para tal.

Não se deve, pois, portar objetos que possam ferir ou machucar a si mesmo ou a seus colegas de treinos.

Dentro de um Dojô, deve-se estar sempre descalço e, quando se dirigir ao companheiro mais graduado, deve-se cumprimentá-lo pronunciando "oss", como forma de respeito à sua pessoa e reconhecimento de sua graduação. Sempre que tiver algo a perguntar ao professor, nunca o chame pelo nome próprio, mas, Sensei, logicamente depois de tê-lo cumprimentado.

Ao final dos treinos, o aluno deve sair em silêncio, se tiver que comentar algo, fazer com o tom de voz baixo, nunca sair no meio do treinos, exceto se houver extrema necessidade; nesse caso, pede-se permissão ao professor para retirar-se. Para o retorno aos treinos, procede-se da mesma maneira.

A atitude de uma pessoa deve ser de acordo com o que ela pensa, a respeito daquilo que está fazendo. Mesmo fora do Dojô, aquele que verdadeiramente segue a filosofia do Budo como tal, deve manter uma atitude digna de respeito com todas as pessoas, principalmente para os praticantes de artes marciais, quer sejam Judô, Karatê, Kung Fu, Tae-kwon-Dô etc. Uma pessoa que já pratica Artes Marciais há algum tempo e tenha se identificado com o Budo, sabe perfeitamente como se portar.

Para os neófitos, devem espelhar-se nos mais antigos e mais experientes. Uma boa conduta para com o seu colega, para a sociedade, para o Dojô, para sua família e seu professor, deve estar em primeiro lugar. Assim sendo, você está trilhando, a prumo, o árduo caminho do guerreiro.

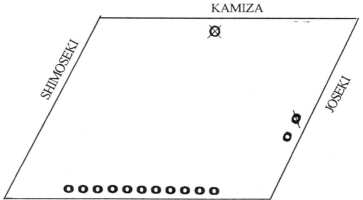

Kamiza: Local onde fica "kamidana" templo, ou foto do fundador do estilo (mestre similar).
Joseki: Onde fica o professor e seu assistente.
Shimoza: Local onde ficam os alunos "karatecas".
Shimoseki: Entrada do "dojô".

IMPORTANTE LEMBRAR

Vou enumerar aqui alguns lembretes de suma importância para instrutores e professores manterem-se sempre atentos com relação ao comportamento de seus alunos e a si mesmos. Pois ainda há instrutores e professores com um grau de esquecimento acentuado. Faço essa observação com todo respeito e, como forma de esclarecimento, em especial aos do Karatê-Dô:

– É necessário que você procure identificar-se com a cultura e a educação do povo japonês, tanto para os simples alunos como também para os mais graduados;

– É necessário que todo Karateca mantenha as regras de conduta do Dojô. Devem ser mantidas e honradas em respeito ao "fundador" desta arte;

– O ambiente de treino deve ser mantido em harmonia e respeito;

– O local de treino "Dojô" não deve ser utilizado para outros fins, a não ser por ordem expressa do Sensei;

– O Dojô deve estar sempre limpo;

– Qualquer técnica diferente do rotineiro, é de responsabilidade do Sensei;

– O local onde treinamos merece todo nosso respeito. Respeito, respeito e respeito são o pensamento e o lema contínuo do Dojô;

– Não usar suas técnicas erroneamente para o mal e que não tenham sentido benéfico para seu semelhante; deve, sim, utilizar com sabedoria todos os seus conhecimentos em prol de uma construção social mais "Justa e Perfeita";

– Quando entrarmos no Dojô, devemos estar com o Ego livre de conturbações ou conflitos;

– Todo Budoca não deve ser insolente, pois a insolência não é tolerada;

– Devemos respeitar os nossos companheiros, dentro de suas limitações;

– Sempre quando o Sensei for demonstrar uma técnica, deve-se estar com bastante atenção, em silêncio e, ao comando, deve-se executar imediatamente;

– Nunca pergunte nada ao Sensei que não for extremamente necessário, pois, dentro dos treinos, deve haver harmonia, silêncio, dedicação, atenção e respeito;

– Mantenha seu uniforme adequadamente limpo e em bom estado para os treinos;

– Nunca entre ou saia do Dojô, sem a devida reverência ao "Kamiza";

– Sempre que estiver observando uma preleção, deve estar em postura adequada, sem cruzar os braços, colocar as mãos na cintura. Se possível, estar em Seiza;

– Sempre que começar os treinos técnicos, deve-se cumprimentar o companheiro, como sinal de respeito e agradecimento pela oportunidade do treino;

– Todo praticante de Artes Marciais deve respeitar os mais graduados e os mais experientes;

– Não se deve corrigir os companheiros de treino, a não ser que você seja "Yudansha";

– Nunca use nos treinos objetos com que possa ferir-se ou machucar seu companheiro;

– Sempre cumprimente o seu colega mais graduado, pois ele já atingiu um estágio superior ao seu.

* O cumprimento é a maneira educada, salutar e humilde, em que você submete seu espírito e sua vontade, respeito, atenção e compreensão às coisas que ainda não estão ao seu alcance. É a maneira educada com que você se porta diante das pessoas. Quer seja artista marcial ou não.

COMO AMARRAR SUA FAIXA

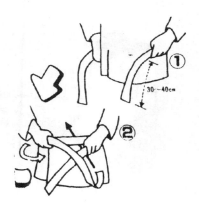

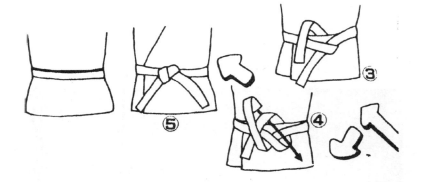

Dentro do Dojô, exige-se respeito, disciplina, seriedade com seu professor e com a sua Arte Marcial.

Após terem estado em "seiza", fazem então "zarei" – cumprimento respeitosamente de joelhos.

Observamos o treinamento do "gyaku-zuki" do quadro técnico do Kihon.

Treinamento efetuado dentro da academia, com a técnica "jun-zuki" do Kihon. Este deve ser feito constantemente, para a consolidação das técnicas de base.

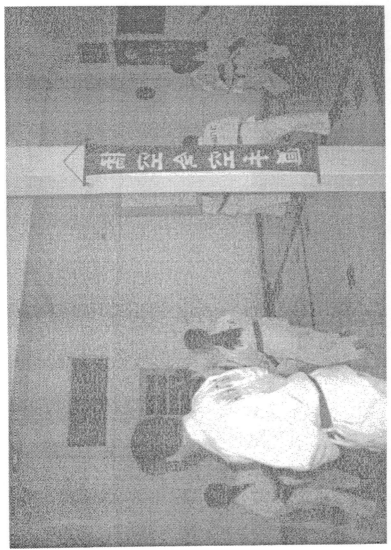

Panorama de um dia de treino dentro da academia. É necessário a integração interpessoal entre os karatecas, pois só assim criamos um ambiente sadio e confiável, sociabilizando todo o grupo.

PSICOLOGIA

A psicologia aplicada aos esportes é fundamental, tanto nos exercícios preparatórios, como nos treinos técnicos e estratégicos, como também nas competições.

À medida que cresce a consciência e o reconhecimento da necessidade de preparação psicológica e de treinamento psicológico, também se torna óbvio que o conteúdo dos programas-treinamentos deve enfatizar o treinamento psicológico a um ponto tal que se equipare à ênfase fisiológica e à ênfase na capacidade.

O que se requer é a prática e o desenvolvimento da preparação psicológica mediante os treinamentos. Destarte, não é somente importante o que um atleta faz, mas também o que ele pensa. O treinamento deve incorporar métodos que ensinem aos atletas como fazerem face a problemas, como interpretá-los, como tomar decisões e como controlarem a si mesmos.

Estes comportamentos são a substância de preparativos maximizados para competição.

Observa-se, comumente, que os técnicos têm a tendência de tratar todos os atletas de uma maneira semelhante. Usa-se uma orientação de grupo e uma estratégia "universal" para tratar dos assuntos. Comprovadamente, semelhante estratégia é mais fácil e simples para o técnico. No entanto, por ser mais fácil e mais simples, não significa que seja o melhor método.

O princípio das diferenças individuais é supremo quando se trata de treinar atleta de elite. É somente quando as forças de uma pessoa são maximizadas e suas fraquezas minimizadas que um atleta tem a possibilidade de alcançar o verdadeiro potencial de desempenho. Lógico que esse potencial não é alcançado quando se aplica uma única estratégia de direção de grupo aos atletas. Podemos enumerar características pré-competitivas de atletas de elite.

– A preparação:

• Os aquecimentos contendo ensaio de competição – "shado" – 80% a 100%
• Saber o que fazer se houver problemas – 80% a 100%
• Dispor de planos para fatos inesperados – 80%
• Intensificar mais em detalhes de competição do que nos treinamentos físicos – 80%

– Confiança:

• Mostrar confiança com planejamento detalhado – 80%
• Manter o ambiente familiar – 80%
• Estabilidade nervosa e psicológica – 60%
• Preocupar-se tecnicamente com seus adversários – 50%
• Confiar no seu desempenho dentro das suas expectativas – 80%

O relaxamento muscular localizado é necessário para alguns atletas, em função da reação orgânica, para aliviar as tensões em áreas específicas do corpo. Por exemplo: um foco comum de tensão é a região do pescoço. Se o atleta fizer exercícios de relaxamento associados para os ombros, pescoço e queixo, então, pode diminuir a tensão. Da mesma forma, "borboletas no estômago" podem ser aliviadas, se o atleta fizer os exercícios de relaxamento abdominal.

Vejamos abaixo alguns procedimentos de relaxamento localizado, com imagens mentais "zen" – Mushin.

– Contraia firmemente os músculos envolvidos e mantenha por 5 segundos, enquanto respira livremente;

– Relaxe o músculo em questão, deixe a tensão fluir para fora, e sinta a área se expandir à medida que o sangue flui de volta, e a área se aquece;

– Repita os ensinamentos dos números 1 e 2, duas ou três vezes, ampliando, de cada vez, o tempo para o número 2;

– Depois de 4 a 6 ciclos, invoque boas imagens mentais, pensando em alguma coisa agradável ou positiva sobre seu esporte, e sobre você mesmo;

– Pare este procedimento quando o problema tiver sido amplamente reduzido ou completamente removido.

O ZEN E A RESPIRAÇÃO

É de saber que, para termos uma boa respiração, é necessário que efetuemos alguma atividade física, com dedicação e peristência.

Todos nós sabemos que ao emitirmos um "Kiai" – grito – buscamos energia na fonte, que está localizada em nosso corpo, um pouco abaixo do umbigo, que chamamos de Tanden, e soltamos juntamente com a respiração, determinada quantidade de ar que se acumula nos pulmões.

Ao meditarmos, ou fazermos "Za-zen", nada mais é do que praticarmos o "zen" – filosofia budista; assim, estamos à procura de esvaziar a mente, fazendo com que se torne um só universo, fazendo jus à filosofia que encerra na palavra Kara – vazio. Ao você praticar o Zen, você está meditando e colocando a sua mente e seu espírito em um estágio que nenhum homem comum (não iniciado) colocaria, nesse caso seria o "Mushin", em que você desenvolveu seu subconsciente, desperta e aguça sua auto-recepção, fazendo com que seu corpo aja instintivamente ao menor movimento possível, percebido pela sua auto-percepção.

A respiração bem conduzida e trabalhada é aquela em que você faz sob a filosofia Zen. Por quê? Você, conhecendo a sua capacidade física e espiritual, consegue utilizar a sua respiração ao longo de sua vida. A respiração é tão importante que, com ela, você consegue limitar uma dor em seu corpo, ou até não senti-la; pode, ao emitir um Kiai, dominar seus adversários, paralisar ou até mesmo causar total descontrole emocional e psicológico. Todo esse argumento resume-se na concentração da força energética universal, que, como já falamos antes, se localiza no Tanden de cada pessoa.

Templo Budista, onde alguns monges praticam o Zen.

Em certa época, o lendário samurai Miyamoto Mussashi, estava meditando, sentado em Seiza numa rocha à beira de um rio, quando de repente surgiu uma serpente bastante venenosa que veio ao seu encontro. Essa serpente passou por cima de suas pernas, como se nada de humano ou animal estivesse presente. É que, naquele instante, o samurai estava concentrado, com a respiração sob controle, portanto, em um só universo (natureza).

Para o começo de um controle respiratório, o praticante deve sentar-se em Seiza, forçando um pouco o tronco para trás, concentrando sua força no Tanden. Mantenha-se respirando lentamente, deixando depositado nos pulmões 1/4 do ar contido. Respire e inspire imaginando o ponteiro de um relógio quando o mesmo estivesse marcando os segundos das horas. Nisso, você conta cinco segundos, mantendo a respiração presa; logo após, solte lentamente, até sentir que deixou de reserva 1/4 do ar existente em seus pulmões. Ao terminar essa operação, preencha novamente seus pulmões o bastante, sempre mantendo a cadência contínua e lenta.

KIAI

Kiai é o grito de ataque e defesa utilizado nas Artes Marciais e tem por finalidade: a) – desenvolver uma energia maior no momento de ataque ou defesa; b) – atemorizar o adversário, ou até mesmo paralisá-lo, impedindo assim sua defesa.

No compêndio das Artes Marciais, o kiai era tido antigamente como uma arte tanto quanto as outras. O Kiai-jitsu era praticado pelos monges budistas, que tinham por finalidade curar pacientes vítimas de síncope, usando recursos terapêuticos na emissão de determinados sons.

Na verdade, o kiai é utilizado conscientemente junto a uma técnica marcial, o que todos nós sabemos; e, uma vez ou outra, já usamos inconscientemente, por exemplo: sempre que contraímos os músculos do abdômen para levantar-mos um peso, então, emitimos um grunhido no momento de maior esforço, pois estamos praticando uma forma rudimentar de kiai.

Você poderá demonstrar a si mesmo os efeitos de cada processo do kiai. Em primeiro lugar, há uma preparação para a ação, que chamamos de física e mental, que é uma concentração de poder que ocorre no plano físico e mental.

As duas fases do kiai são: o retesamento e o impulso. Na fase do retesamento, há uma contração dos músculos abdominais e inspiração profunda. Assim o cérebro, que é o Quartel-General das atividades mentais, prepara o corpo para um surto de energia.

A inspiração profunda enriquece a corrente sangüínea de oxigênio indispensável para o nosso organismo. É lógico que,

111

fisiologicamente, os efeitos de preparação para a ação, excitam as glândulas, que estimulam o coração e preparam todo o sistema nervoso para um serviço especial.

Observando-se a segunda fase, que é o impulso, leva-se em consideração a ação de atirar, levantar, empurrar ou desferir um soco ou um chute, enquanto o ar é expirado.

O Kiai é um grito de guerra, em que a respiração acompanha e produz o som do Kiai, que todavia tem efeito psicológico, assustando e desconcentrando o adversário, aumentando a coragem e o poder de fogo do emitente do Kiai (atacante/defensor).

Procuremos então fazer uma experiência. Fique de pé e, de repente, dê um grito, você sentirá uma concentração involuntária dos músculos abdominais e uma onda de energia atravessar o seu corpo. Ou mesmo em conversa informal, dê um grito e verá que a pessoa que está perto de você se assustará, levando-se em conta que muitas vezes pode sair em pânico. Todavia, o medo de ruídos altos e súbitos é um instinto natural do homem.

Existe outro tipo de kiai, é o kiai mudo, que se conceitua como o mais correto; porém, este tipo de kiai somente é possível para os que galgaram altas posições na escada do Budô, porque são dotados de uma grande elevação espiritual.

AS ARMAS DO KARATÊ-DÔ

TE-WAZA

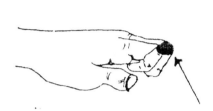 

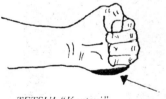 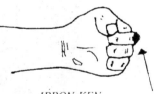

TETSUI *"Kentsui"*
(Soco em martelo)

IPPON-KEN
"Nakayubi Ippon-ken"
(Soco com a saliência do dedo médio)

URAKEN *"Ura-uchi:"*
(Oposto da mão fechada)

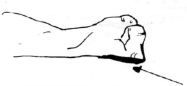

URAKEN *"Ura-uchi:"*
(Oposto da mão fechada)

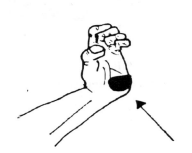

TEISHO *"Shotei"*
(Salto da palma da mão)

IPPON-KEN
(Lanceta do dedo indicador)

NIHON-NUKITE
(Lanceta de dois dedos da mão)

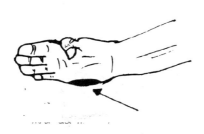

SHUTO
(Faca da mão)

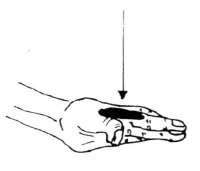

HAITO
(Faca do lado oposto da mão)

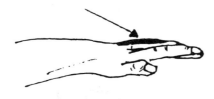

HAISHU
(Costa da mão)

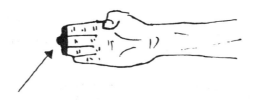

NUKITE
(ponta de dedos)

ASHI-WAZA

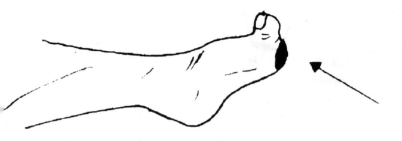

JOSOKUTEI
(Parte calosa do pé)

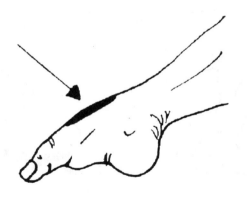

HAISOKU
(Peito do pé)

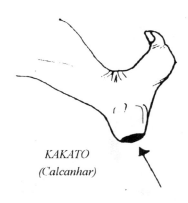

KAKATO
(Calcanhar)

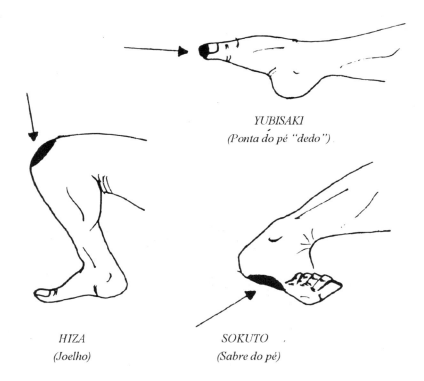

YUBISAKI
(Ponta do pé "dedo")

HIZA
(Joelho)

SOKUTO
(Sabre do pé)

Nesta foto podemos observar o uso do cotovelo "empi", com a técnica empi-uchi.

Aqui observamos o uso do punho, "ken", com a técnica otoshi-zuki.

Na foto acima, observamos o "shiwazare", sendo utilizada a técnica otoshi-zuki.

Aqui vemos a arma "josokutei" na aplicação do mae-tobi-geri.

DACHI-WAZA

Para que possamos praticar um bom Karatê, é necessário que tenhamos um bom equilíbrio. O equilíbrio do corpo humano, normalmente, provém do posicionamento dos pés e das pernas.

No que diz respeito ao Karatê, é importante que se faça uma boa postura, notoriamente uma boa base, que seja consistente e não lhe cause desconforto; assim, tornar-se-ão perfeitas as suas técnicas e, automaticamente, alcançar-se-á o objeto almejado.

HEIKO-DACHI

HEISOKU-DACHI

*HACHIJI-DACHI
(YOI)*

MUSUBI-DACHI

KIBA-DACHI

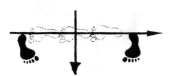

*NAIFANCHI-DACHI
(UCHIHACHIJI-DACHI*

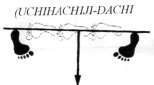

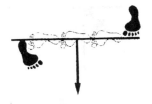

YOKO-SEISCHAN-DACHI

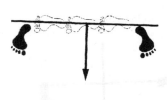

SHIKO-DACHI

TSUKKOMI-DACHI

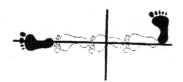

SANCHIN-DACHI

KOKUTSU-DACHI

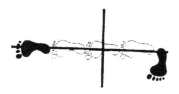

TATE-SEISHAN-DACHI

HAN'MI-DACHI   *MAMI NO NEKOASHI-DACHI*

MAHAN'MI NO NEKOASHI-DACHI   *HAN'MI NO NEKOASHI-DACHI*

KAKE-DACHI

TSURUASHI-DACHI
(Ippon-Dachi, Sagiashi-Dachi)

KAKE-DACHI

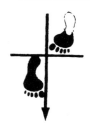

KIHON

Kihon, literalmente quer dizer fundamentos, ou escola primária, podemos dizer também que é o início, a base essencial para começar a conhecer os primeiros passos do Karatê. Por ser escola primária, os neófitos começam seus estudos com técnicas soltas e individuais, em seguida algumas outras compostas e determinadas seqüências, que variam de socos, defesas e chutes. Como em toda "arte", em tudo que fazemos tem o princípio, um preâmbulo, um início e um fundamento.

O Kihon proporciona ao praticante os movimentos fundamentais do Karatê, que chamamos de "movimentos de base", partindo das bases: "uchihachiji-dachi", "zenkutsu-dachi", "kokutsu-dachi", "shiko-dachi", "kiba-dachi", "nekoashi-dachi", "han'mi-no-nekoashi-dachi", "sanchin-dachi", "han'mi-dachi" e "tate-saishan-dachi"; efetuamos técnicas com: socos, defesas e chutes como: "sonoba-zuki", "jun-zuki", "gyaku-zuki", "jun-zuki-tsukkomi", "kizami-zuki", "age-zuki", "mawashi-zuki", "tobikkomi-zuki", "tobikomi-nagashi-zuki" e outros; chutes como: "mae-geri", "yoko-geri", "sokuto-geri", "kehanashi-geri", "soku-geri", "ushiro-geri", "mawashi-geri", "maeashi-geri", "okuri-geri" e defesas como: "soto-uke", "soto-ude-uke", "age-uke", "jodan-uke", "guedan-barai", "uchi-uke", "uchi-ude-uke", "otoshi-uke", "sassae-uke", "nagashi-uke", etc.

O Karatê-Dô Wado-Wyu difere um pouco dos outros estilos, pelo fato do mesmo utilizar, além das esquivas, as bases mais altas, nomenclatura própria e original desde sua criação e técnicas isoladamente do estilo, como:

- "jun-zuki-tsukkomi";
- "kette-jun-zuki-tsukkomi";
- "kette-jun-gyaku-zuki";
- "tobikomi-zuki";
- "tobikomi-nagashi-zuki";

Ao efetuarmos um movimento de Kihon, Kata, Kihon-Ippon-Kumitê, Kihon-Kumitê, deslocamo-nos em várias direções, já previamente fixadas, traçando assim ângulos específicos seguindo determinado gráfico imaginário que conhecemos pelo nome de "Embu-sen", ou seja, os "Oito cantos do Karatê".

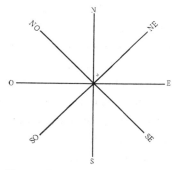

Os oito cantos do Karatê. Estas são as possíveis aberturas angulares que norteam as direções dos movimentos do Karatê-Dô.

Cada escola (estilo), possui um programa específico de treinamento, mas, independente das diversas filosofias de cada estilo, o Kihon ainda é matéria básica e indispensável nos programas técnicos para avaliação e outorga de graus.

É muito importante o treinamento contínuo do Kihon, pois a precisão e perfeição técnica adquirida, nestes treinos de base, será de importância ímpar para o domínio das técnicas superiores, que fatalmente o praticante virá a conhecer.

Esta é a posição básica mais usada no Karatê, que chamamos de "musubidachi". Em aula, esta postura é dada no seguinte comando "kyutski", para kihon, kata, etc.

Partindo da posição anterior, que é a "musubi-dachi", transformamos para "uchihachiji-dachi" ou "naifanchin-dachi". Nesta posição, preparamo-nos para efetuarmos o "sonoba-zuki". Sonoba-zuki é o treinamento inicial das técnicas do "kihon".

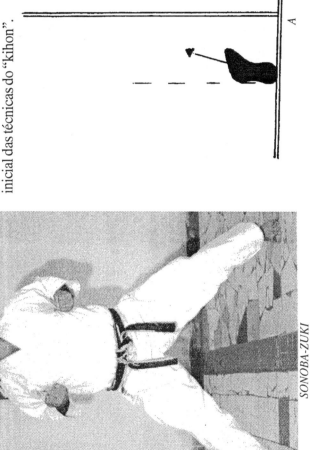

SONOBA-ZUKI

Saindo da posição "nidan-te-hikite", desloca-se o braço esquerdo, aplicando então o soco já premeditado no sonoba-zuki, que chamamos de "choku-zuki".

Observemos que, no deslocamento do soco referido, direcionamos o mesmo ao esterno do adversário imaginário, local também conhecido como "plexo solar".

Ao deslocarmos este soco, utilizemos a rotação da cintura, para que o mesmo possa ter a conclusão técnica correta. Também, para esta postura, os joelhos devem estar semiflexionados, para oferecer a devida estabilidade e a profundidade perfeita do soco.

Na aplicação dos socos, pode-se efetuar quantas vezes o praticante quiser.

IPPON-TO-TE

Partindo da base traçada abaixo, "zenkutsu-dachi" ou "jun-zuki-dachi", deslocamo-nos para a frente e aplicamos então o soco descrito que é Jun-zuki.

A direção do respectivo, tem como alvo a parte média do corpo humano adverso "chudan", especificamente o esterno.

JUN-ZUKI

Para a movimentação neste kihon partimos do comando, "jun-zuki-hidari-kame", em que o executor se desloca pelo lado esquerdo para a frente e entra aplicando o soco explicado anteriormente, que é o "jun-zuki".

Após feitos os movimentos descritos acima, efetua-se "ippon-to-te", que é uma preparação para o Gyaku-zuki; nesse caso, desloca-se o braço contrário à base, está pronto o Gyaku-zuki. É só deslocar para a frente, seguindo a postura mostrada na foto ao lado.

GYAKU-ZUKI

133

O Kette-jun-zuki é uma seqüência técnica, composta pelo "mae-geri" seguindo do "jun-zuki". Com relação a esse chute aplicado nessa seqüência, refere-se a Chudan-mae-geri, ou seja, chute direcionado na parte média do corpo do adversário. O jun-zuki segue a mesma trajetória.

KETTE-JUN-ZUKI

No caso do Kette-gyaku-zuki, parte-se normalmente da postura anunciada anteriormente, ou seja "ippon-to-te"; já com o Gyaku-zuki feito, desloca-se para a frente aplicando "chudan-mae-geri" e, em seguida, "chudan-gyaku-zuki".

KETTE-GYAKU-ZUKI

Partindo ainda do "jun-zuki-hidari-kamae", já mostrada anteriormente, desloca-se para a frente impulsionando o corpo também para a frente e, inclinando o tronco também para a frente, utilizando-se a rotação da cintura para que o golpe tenha a sua profundidade perfeita. Nesse golpe, além da arma "seiken" com seu impacto natural pelo seu deslocamento, ele torna-se mais contundente pelo fato do uso da cintura e o inclinamento do tronco para a frente. Todo esse golpe é efetuado instantaneamente, conforme mostra a foto ao lado. Observe que a base é transformada de "zenkutsu-dachi" para "jun-zuki-tsukkomi-dachi".

JUN-ZUKI-TSUKKOMI

Saindo do "jun-zuki-hidari-kamae", desloca-se para a frente, transformando a base "zenkutsu-dachi" para Shiko-dachi; nesse instante entra com "nukite" – ponta dos dedos, com a mão aberta retesada em direção à parte ventral adversária, como se pode ver na foto ao lado.

SHITO-ZUKI

Seqüência do Shito-zuki.

SHITO-ZUKI

Esta técnica é uma daquelas que, ao ser aplicada, denota que, quem a faz, tem estilo Wado-Ryu.

Observe a diferença da postura da mão aberta para a frente, e o braço levantado criando um ângulo de 90º. A outra mão, posta acima do estômago, de forma ascendente. Esta postura é comumente utilizada nos Katas do estilo Wado.

A base utilizada é a "kokutsu-dachi", "mahan'mi-no-nekoashi-dachi" que compreende 30% do peso do corpo na perna da frente e 70% da perna que está atrás, como mostra a foto.

SHITO-UKE

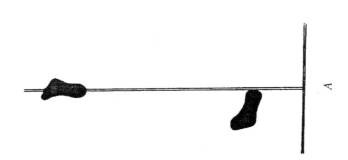

Seqüência do Shito-uke.

SHITO-UKE

Gyaku-zuki-tsukkomi, partindo da base inicial, sob o comando "jun-zuki-hidari-kamae", aplica-se o "ippon-to-te" e avança-se com o Gyaku-zuki-tukkomi dando penetração bastante acentuada na aplicação do soco, que, ao ser desferido, desloca-se com a base "yoko-seishan", atingindo o baixo ventre do adversário, com bastante profundidade, utilizando a rotação da cintura e a flexionabilidade dos joelhos.

Observe a foto ao lado, no ato da penetração do soco.

GYAKU-ZUKI-TSUKKOMI

Partindo do "ippon-to-te", que notoriamente já se está fazendo o Gyaku-tsukkomi, avança para frente, aplicando um "chudan-mae-geri" (este golpe deve ser aplicado na área genital), dando seguimento ao Gyaku-zuki-tsukkomi, que se procede da mesma maneira como foi efetuado anteriormente.

KETTE-GYAKU-ZUKI-TSUKKOMI

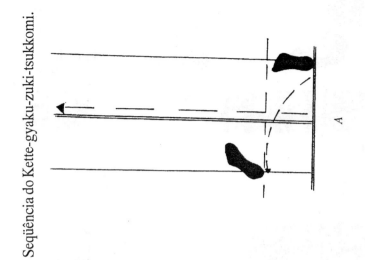

Seqüência do Kette-gyaku-zuki-tsukkomi.

KETTE-GYAKU-ZUKI-TSUKKOMI

TOBIKOMI-ZUKI

Para fazermos o golpe mostrado na foto ao lado, tomamos a base; Hanmi-hidari-kamae-te (foto 1), partindo dessa posição, desloca-se instantaneamente para a frente: em uma só linha de ataque, desferindo o soco na altura do rosto (jodan) do adversário, impulsionando o corpo para a frente (foto 2). Ao finalizar este soco, tomar-se-á a postura mostrada na foto 3.

Após a conclusão do soco, mostrado na foto 2, tomar-se-á a postura que mostra a foto 3. Em seguida, para retornar à posição inicial "Hanmi-hidari-kamae-te", puxa-se a perna que está atrás, lentamente, sem sair da linha anteriormente feita para o ataque; em seguida, puxa-se a perna da frente, também lentamente, até chegar na posição inicial.

Nessa técnica, também é utilizada a rotação da cintura com parte primordial, para a definição deste golpe. Esta técnica e a "tobikomi-naga-shi-zuki" só são encontradas no estilo Wado.

TOBIKOMI-ZUKI

TOBIKOMI-NAGASHI-ZUKI

Para aplicação desta técnica, toma-se o mesmo procedimento aplicado para a aplicação do "tobikomi-zuki". A diferença é: após o impacto do soco, deve-se recolher o braço para "kamae-mae-te", deslocando o pé que está atrás em posição contrária, em um ângulo de (+/-) 45º, mantendo-se de frente para o adversário imaginário.

Após ter feito o recolhimento do braço agressor e ter deslocado a perna, tomaremos a posição inicial, puxando a perna que saiu da linha de ataque (foto 1) (foto 2) para o "embu-zen", e puxa-se também a perna que se encontra na frente para tomar a postura inicial "hanmi-hidari-kamae-te".

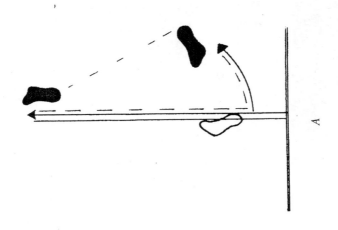

Seqüência do Tobikomi-nagashi-zuki.

TOBIKOMI-NAGASHI-ZUKI

KAWASHI

Esquiva – "kawashi" ou "tai-sabaki", é um dos movimentos mais nobres do Karatê. Foi uma das mais revolucionárias criações do grande mestre H. Otsuka. Utilizando-se a cinética do corpo humano e aproveitando os movimentos naturais do mesmo, surge a esquiva. Movimentos esses, oriundos do Jiu-Jitsu, especialmente da linha "Yoshin-Ryu Jiu-Jitsu-Dai", onde se dá bastante ênfase aos movimentos de cintura, para os deslocamentos e alavancas para as projeções.

É por meio dos bloqueios bem estudados e praticados com insistência que chegamos à esquiva. Na verdade, é a maneira mais apurada e inteligente de defesa e ataque já existente em nossos dias.

Para conseguirmos atingi-las, é preciso que consigamos perfeições e domínio em fatores importantes como: estabilidade, "kime", velocidade, noção de distância e técnica correta.

A esquiva é o contrário do bloqueio, nela procuramos guiar o ataque do adversário, e não o choque direto pela força. Uma esquiva bem aplicada coloca fora de trajetória o mais poderoso golpe de seu adversário, inclusive dando-se ao luxo de sentir o golpe do contendor tocar o karatê-gi (kimono).

É importante notar que o centro do comando de todos os deslocamentos está na cintura, o que dispensa a força dos braços e das pernas com um simples afastamento de quadril e simplifica-se toda uma mecânica para a defesa ou um ataque. Portanto, esquivar é a arte de sair de um golpe "de perto", usando um precioso golpe de vista e uma dose acentuada de coragem.

É de se enfatizar, que o mínimo de força utilizada nos movimentos de esquiva, vai nos possibilitar importante meio para podermos efetuar uma defesa e contra-atacar com velocidade e precisão.

Quando você atinge um estágio de alto grau no karatê, e domina com precisão a arte da esquiva, é de se saber que quanto mais perto você ficar do seu adversário (sempre colado), mais rápida e eficaz é sua defesa.

Para esses treinamentos, o karateca já deve ter noção de esquiva, ou procurar uma escola que as ensine; nesse caso, procure treinar com constância utilizando técnicas únicas e técnicas encadeadas. Sem uma iniciação nas escolas que as detêm, tornará muito difícil sua aplicação.

Exaltando ainda o conceito com relação à esquiva, pode-se exemplificar como um dos treinamentos mais eficazes para "shiai" e "jiu-kumitê", o Shado, que é utilizado nos treinos das escolas Wado, destacando-se as escolas "Kii-Kuu-Kai" pelo fato dos mesmos serem criação sua.

O treinamento do "shado", é feito em princípio individualmente, em postura de luta; nesse caso, a posição correta é ficando como se estivesse se preparando para uma corrida de cem metros raso, o corpo descontraído, peso para frente, o calcanhar da perna de trás levantado, com o punho do braço esquerdo na altura do queixo, e o da mão esquerda na altura do pulso do braço esquerdo, que está na frente do corpo.

Feito isso, começa-se a movimentação do corpo como se estivesse lutando, vendo, imaginando e calculando as possíveis técnicas de seu adversário. As técnicas usadas no Shado são essencialmente técnicas para "shiai-kumitê" e para "jiu-kumitê".

O treinamento do Shado embute, no praticante, alto grau de percepção, noção de distância, direção correta dos golpes, graus afinados de defesas com deslocamentos (esquivas), profundidades dos golpes de perseguição e seqüências rápidas com total diversificação.

No quadro técnico utilizado pela "Kii-Kuu-Kai", que se chama "Kii-Kuu-Kai no Shiken", o Shado tem um grande destaque. Aparece nos seguintes termos:

— Shado-seme-ichi, até Shado-seme-jiu-hachi, tanto para ataque como para defesa.

151

KIHON-KUMITÊ

Kihon-kumitê, para vários estilos, traduz um treinamento básico de luta combinada, que consiste em determinadas técnicas do Karatê-Dô, previamente estabelecidas em sua linhagem técnica e filosófica.

O que se mostra aqui, diz respeito ao estilo Wado Ryu. Quando o grande mestre Hironori Otsuka criou sua famosa escola, nominando-a Wado-Ryu Karatê Jitsu, Wado-Ryu Jitsu-Kempo e, mais tarde, Wado-Ryu, entre outros detalhes técnicos, exaltou o "Kihon-Kumitê", pois, para ele, seria o treinamento básico, avançado-superior, para o então recém-criado "jiu-kumitê" – combates livres.

Para estas técnicas, o mestre Otsuka incluiu 100% de esquivas "kawashi", imobilizações "ossae", projeções "nage", chaves "kansetsu" etc. em seus assaltos do verdadeiro kumitê. Esses treinamentos são aplicados com máximo de veracidade, eleva-se ao máximo a distância, que deve ter uma boa aproximação "um do outro", para a conclusão verdadeira e precisa do ataque e da defesa.

Deixarei de detalhar este quadro técnico, pois seria necessário bem mais espaço e tempo para a explicação devida. Pois o próprio mestre Otsuka falava, aos seus discípulos diretos, da importância dessas técnicas em suas execuções, especialmente para a vida do estilo Wado-Ryu. Tanto que, antes de sua morte, legou ao seus discípulos um fabuloso documentário sobre as técnicas do Kihon-Kumitê, que são únicas no estilo.

Por ordem cronológica, se conhece até as seguintes seqüências de ataques e defesas – (seme/uke):

– Ippon-me
– Nihon-me
– Sambon-me
– Yon-hon-me
– Gohon-me
– Roppon-me
– Nana-hon-me
– Hachi-hon-me
– Kyu-hon-me
– Jiu-hon-me
– Jiu-ippon-me
– Jiuni-hon-me
– Jiusan-bon-me
– Jiuyon-hon-me
– Jiugo-hon-me

Para uma excelente aplicação do Kihon-Kumitê, são necessários os seguintes itens: boa postura, técnica perfeita, noção de distância, deslocamento na hora certa, "kime", estado total de alerta "zanshin". Os complementos conclusivos destas técnicas são efetuados com: desequilíbrio "ashibarai", imobilizações "ossae-waza", chaves "kansetsu-waza", projeções "nage-waza".

Posição básica de luta. No estilo Wado-Ryu, utilizamos o "kamae-tê" para os seguintes treinos: Kihon-Kumitê, Yakusshoku-Kumitê, Shado, Shiai-kumitê e Jiu-kumitê.

KATA

O que quer dizer Kata. São movimentos encadeados, em que hipoteticamente o lutador executa concentrado, lutando imaginariamente com vários adversários. É o nome dado a todos os exercícios formais e representativos de lutas imaginárias.

O Kata, no ponto de vista tradicional, representa a essência do Karatê. É na execução do Kata que se consegue a preservação do estilo e podemos, assim, avaliar os avanços técnicos do executante.

Inicia-se um Kata, sempre, com um movimento de defesa e alguns bloqueios são aparentemente lentos. Contudo, quando um karateca atinge o estágio de executar seqüências de um kata ou mais, em uma luta, é porque alcançou uma forma de força exterior primorosa.

O Kata é o início e o fim do Karatê. É por essa razão que pensamos e aconselhamos, aos karatecas, a dedicação profunda no estudo do Kata. Pois trata-se de uma parte importantíssima do Karatê.

Os Kata se dividem em três categorias, a saber: básicos, avançados e superiores, de acordo com as exigências técnicas para a execução.

As velhas técnicas, ensinadas por esses antigos mestres desta arte, estão escondidas e contidas nos Kata. Ao estudarmos a fundo estas técnicas que pertenceram ao passado, utilizadas basicamente nos conflitos da época, com o emprego promissor de defesa, até da própria vida, e que vivem no presente. Poderemos descobrir uma interminável fonte de recurso que nos darão progresso físico técnico e espiritual.

Para se chegar à perfeição na execução de uma Kata, o treinamento deve ser solitário. Para que façamos o mesmo com harmonia perfeita, é necessário o seguinte: equilíbrio, harmonia nos movimentos, ritmo, seriedade, velocidade final em cada golpe (kime) e pureza de estilo.

Atualmente, a nível de competição, existe uma relação de Kata obrigatórios (shitei-kata) da W.U.K.O. World Union of Karatê Organization, que são:

Os Kata que se encontram entre parênteses, são do estilo Wado-Ryu.

- Bassai-dai (Passai)
- Bassai-sho
- Kanku-dai
- Kanku-sho
- Kusshanku-dai (Kusshan-ku)
- Kusshanku-sho
- Empi (Wan-shu)
- Unsu
- Seienchin

- Gojiushiho-dai
- Gojiushiho-sho
- Jion (Jion)
- Hangetsu (Seishan)
- Gankaku (Chinto)
- Suparumpei
- Nijiushiho-dai (Niseishi)
- Nijiushiho-sho

A compreensão total de um Kataee, só é possível às pessoas que tenham grande desenvolvimento espiritual, humildade para entenderam que nele se encerra, em suas seqüências harmoniosas, os ensinamentos dos antigos mestres.

No estilo Wado-Ryu, os Kata mais conhecidos são:

- Kata de base (considerados iniciais), que têm importância ímpar na formação e condicionamento dos movimentos técnicos para a execução e aplicação de outros Kata, tanto avançados como superiores. Os Kata de bases são Kihon-kata; Pin-an Ni-dan; Pin-an Sho-dan; Pin-an San-dan; Pin-an Yo-dan; Pin-an Go-dan.

158

– Kata avançado (considerados como Kata executados já por Faixas-Pretas, e que já atingiram o estágio final básico do Karatê-Dô), são os seguintes: Kusshan-ku, Naifanchin, Passai.

– Kata superior (o próprio nome indica o grau de grandeza que os mesmos apresentam, portanto executados por karatecas com alto nível), a saber: Jion; Seishan; Niseishi; Rohai; Chinto, Wan-shu, Jitte, Ji'in, Sochin, etc. O estilo Wado considera ainda hoje os nomes antigos de origem okinawana em seus Kata. Neste sentido, acredita-se que se está contribuindo para a guarda e pureza de estilo, conservando assim a memória do grande mestre Hironori Otsuka.

O Kihon-kata, por exemplo, é executado normalmente pelo iniciante da senda do Karatê-Dô, pois se trata de um kata simples, de base que possibilita ao praticante a desenvolver a coordenação motora, estruturando-se na base "zenkutsu-dachi", como também nas duas principais técnicas de defesa e ataque encontradas neste kata, "guedan-barai" e "chudan-zuki".

Os Kata Pin-an (paz e tranqüilidade) fundamentalmente traduzem o nome que levam, pois, na tradução do nome do estilo, se encerra a mais significante palavra viva, já existente em toda a humanidade: Wado – Caminho da Paz, Caminho da Harmonia, Caminho da Concórdia.

Segundo alguns historiadores, o termo "Pin-an", surgiu em Okinawa quando dos intermináveis conflitos que ladeavam aquela ilha. Quando um clã ou outro não invadia a ilha, vinha o sossego, vinha a paz, vinha a tranqüilidade "Pin-an – paz e tranquilidade".

O Kushan-ku, quando executado, traduz praticamente todos os movimentos básicos dos katas anteriores, seria como se fosse uma revisão de kata. O seu nome, teve origem também na ilha de Okinawa, principlamente quando da chegada do mestre chinês Kong Shang. Pela falta de cultura do povo okinawense, não chamava esse mestre pelo nome correto, chamando-o de Kushan-ku. Daí a criação desse kata em homenagem a esse mestre. Quanto ao Kata Wan-Shu, tem história semelhante. Por volta de 1683, deu-se a vinda do mestre chinês, conhecedor do Kempo, de nome Wang Ji, na região de Tomari (Tomari-tê – Mão central de Okinawa). Como já disse antes, o povo okinawense inculto não conseguia pronunciar corretamente o nome Wang Ji, e sim Wan-Shu. A criação desse kata quase que tem as raízes iniciais do estilo Wado-Ryu, tanto é que Wan-Shu, em sua existência, translada figurativamente as esquivas e os movimentos sinéticos contidos nesse estilo.

Cada kata tem sua filosofia própria, sua história e sua técnica que, no meu ponto de vista, não deve ser alterada de forma alguma; assim sendo, continuaremos a preservar a essência e a filosofia do estilo. Há quem diga que os kata deveriam ser padronizados, principalmente pelo fato das competições, e o regulamento atual da W.U.K.O. – World Union of Karatê-Dô Organization, que enumera os Kata obrigatórios para competições, denominados de "Shitei-Kata".

É muito difícil a padronização destes Kata, principalmente pelo fato de que cada Kata possui uma filosofia única do seu estilo, oriunda do seu fundador. Poderia, sim, existir obrigatoriedade nas competições de Kata, de que a composição do quadro arbitral, fosse feita com representantes de cada estilo oficialmente regulamentado e reconhecido pela WUKO, principalmente para as devidas consultas, caso haja necessidade. Sabendo-se que, para a avaliação de Kata competitivo, independentemente de estilos, observam-se os seguintes itens: a) Todo Kata, deve ser apresentado dentro das normas técnicas da WUKO; b) Deve haver um perfeito controle entre os seguintes requisitos: força, tensão e compreensão; c) O olhar deve estar bem concentrado e direcionado; d) A direção dos movimentos do Kata deverá obedecer o "embu-sen" – traçado imaginário; e) Nas técnicas apresentadas, deve haver compreensão

160

e definição; f) Os movimetnos deverão ter: controle, velocidade controlada de acordo com o ritmo de cada Kata; g) A respiração deve ser controlada, como também a expressão facial não deve sofrer alterações.

Se o quadro, que forma a comissão arbitral, não possui árbitros representativos de todos os estilos ali apresentados, convocar-se-á alguma outra autoridade do Karatê-Dô, como representante do estilo presente, para a provas de Kata. Esse sistema deveria ser adotado também pelas federações e confederações, quando da organização das bancas examinadoras de faixas pretas e graus. Neste caso, os representantes deveriam ser indicados previamente, através de documento expedido pela entidade promotora, e essa pessoa indicada deverá ter o quilate suficiente e de capacidade comprovada; se for o caso, deve ser indicada por uma associação legalmente constituída e de valor comprovado.

Ainda, no tocante ao Kata para exame, sabemos que muitos são aplicados com uso de armas como: Jitte, Sai, Tonfa, Katana, Bo, etc. Nesse caso, esse Kata não deve ser solicitado e nem apresentado, pelo fato de sua periculosidade na aplicação.

SEISHAN KATA

O autor executando um "shitei-kata", que são Kata obrigatórios nas competições com regulamento da W.U.K.O. –
World Union of Karatê-Dô Organization.

KATA

PIN-AN
YO-DAN

Esta é a postura inicial para todos os Kata, principalmente os considerados de base.

Após tomar esta posição, "musubi-dachi", faz-se o rotineiro cumprimento, reverenciando-se o adversário imaginário, pronunciando o seguinte: "oss".

Observe o traçado ao lado, que deverá ser seguido à risca. Esse traçado, chamado de "embu-sen", é o caminho para esse Kata. Todavia, existem vários "embu-sen" que mostram situações em movimentos bastante complicados.

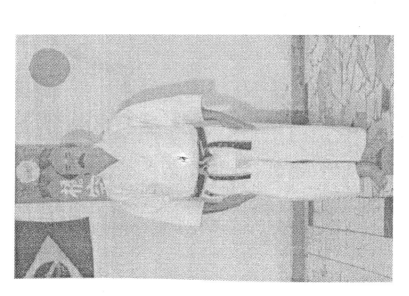

A

Após sairmos da posição inicial, ou seja, "musubi-dachi", transformamos a base para a posição "yoi", com "hachiji-dachi" ou comumente chamada "fudo-dachi". Nesse estágio, estamos prontos para começar o Kata.

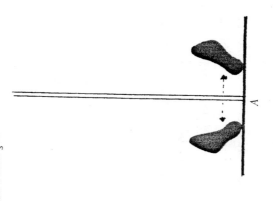

Nesta fase, deslocamo-nos para o lado esquerdo, em base "kokutsu-dachi" ou comumente chamado pela Wado de "mahanmi-no-nekoashi-dachi", tomando posição de mão, em "kamae-haishu-uke", como mostra a foto ao lado.

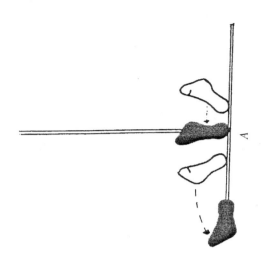

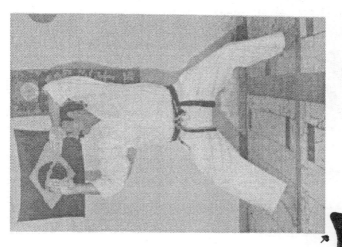

Observamos, nessas seqüências, a transformação do movimento anterior, em que o movimento seguinte é igual ao anterior, só que é para o lado direito. Observe as fotos 1, 2 e 3.

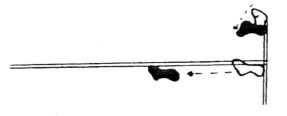

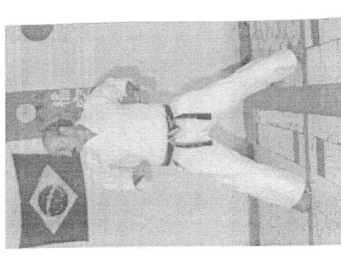

Para continuarmos a execução do Kata, transforma-se a base "kokutsu-dachi" em "uchihachiji-dachi" ou "naifanchin-dachi", tomando "kamae-te-hikite". Logo, avança-se em direção adversa, passando para a base "zenkutsu-dachi" e fazendo a defesa "chudan-jujuke", como mostra a foto 2.

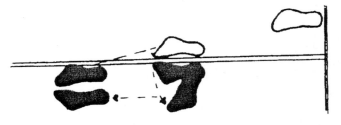

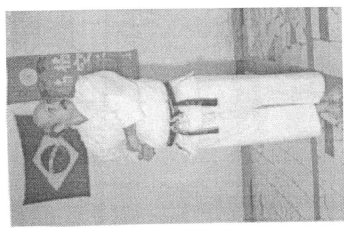

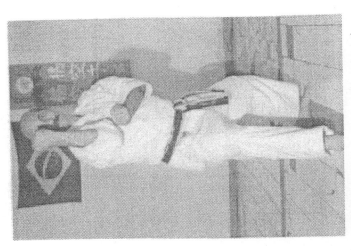

Após a conclusão da defesa anterior, continuamos avançando e transformamos a base para "kokutsu-dachi" juntamente com a defesa "chudan-morote-uke".

Após termos ficado em "kamae", base "heisoku-dachi" e, olhando para a esquerda, onde está imaginariamente seu adversário, entremos com uma seqüência quase instantânea, efetuando "chudan-bagai-barai" e "chudan-mae-geri", como mostra a foto ao lado.

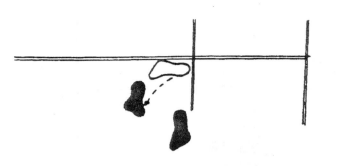

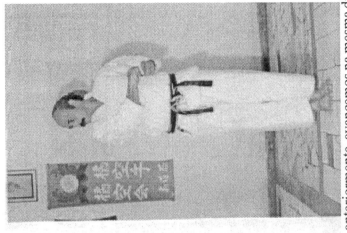

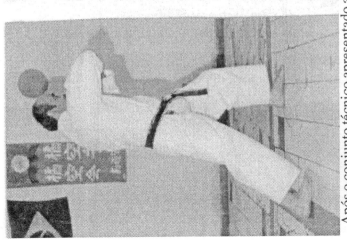

Após o conjunto técnico apresentado anteriormente, avancemos na mesma direção anterior, aplicando "chudan-empi-uchi", tocando o referido na palma da mão, como mostra a foto 1. Na foto 2, fiquemos em "kamae" como anteriormente.

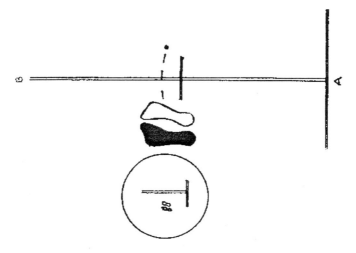

Depois que efetuamos "kamae" (foto 2), aplicamos então a defesa "chudan-barai" juntamente com "chudan-mae-geri", quase simultâneos, como mostra a foto acima.

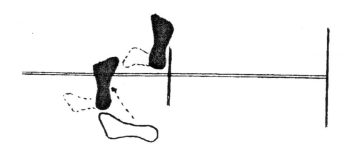

 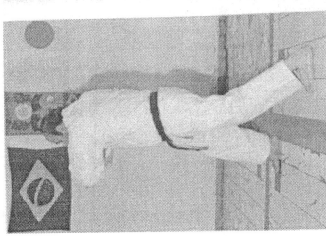

Na foto 1, vemos a aplicação do "chudan-empi-uchi" logo após a técnica anterior mostrada na foto. Na foto 2, efetuemos um movimento semicircular para a direção correta do "embu-zen", fazendo uma defesa "chudan-nagashi-uke".

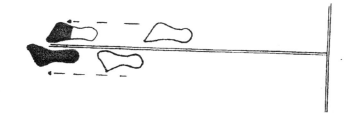

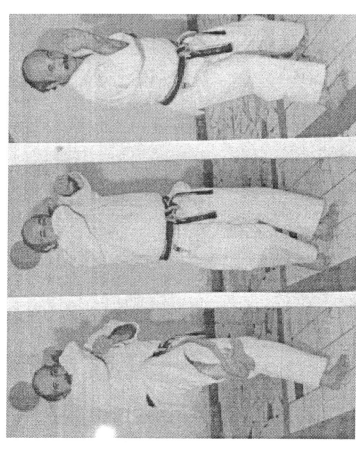

Ao observarmos as fotos 1, 2 e 3, notamos uma seqüência técnica; após feita a técnica da foto anterior (foto 2) avancemos com "chudan-geri", com mais "ura-uchi". A base empregada é "kake-dachi".

Ao finalizarmos os movimentos das fotos 1, 2 e 3 mostradas anteriormente, giramos em um movimento semicircular, tomando como base "tate-seishan-dachi"; e aplicamos uma defesa em "jodan-uchi-uke", como mostra a foto ao lado. Esse giro efetuado conduz o karateca ao retorno do início do "embu-sen", ou seja, letra "A". Quando da aplicação do giro, o executor toma um ângulo de (+/-) 45º de abertura.

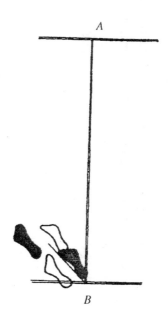

B

Após a defesa efetuada, mostrada na foto anterior, avancemos com um chute "chudan-mae-geri", tomando como base "zenkutsu-dachi" sempre na direção mostrada (45º) para o lado esquerdo.

A foto anterior mostra a conclusão do Mae-geri. Na foto ao lado, aparece o soco "chudan-jun-zuki", que é aplicado imediatamente ao chute (Kette-jun-zuki). Ainda se deve manter o ângulo descrito anteriormente (45º).

Nesta foto, apresenta-se o "gyaku-zuki", que, após as conclusões dos golpes anteriores, definimos esse quadro técnico com "chudan-gyaku-zuki", mantendo a abertura dos 45º.

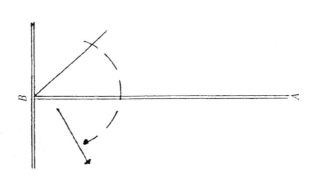

Após ter finalizado as técnicas aplicadas do lado esquerdo, voltemos então para lado direito, efetuando a mesma defesa mostrada na conclusão do lado esquerdo "jodan-uchi-uke". A base, é a mesma já aplicada "tate-seishan-dachi".

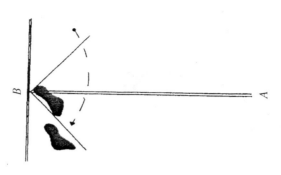

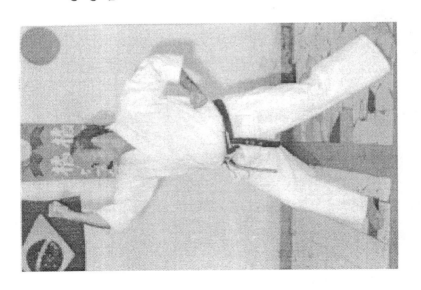

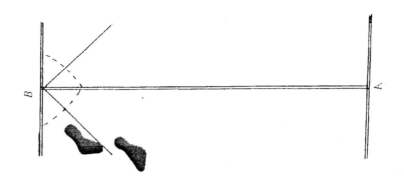

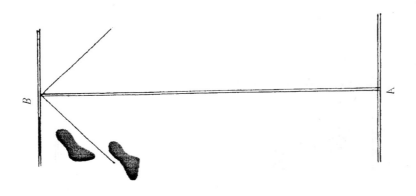

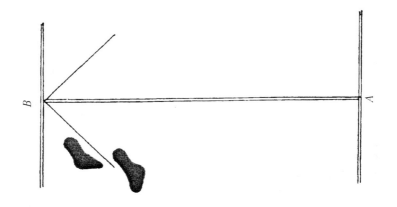

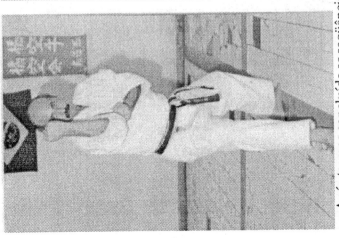

Após termos concluído as seqüências técnicas do lado direito, deslocamo-nos para o centro do "embu-sen" na base "kokutsu-dachi" ou "mahanmi-no-nekoashi-dachi", efetuando a defesa "jodan-morote-uchi-uke". Nesta postura, desloca-se três vezes na mesma direção, ou seja, para a letra "A".

Ao ter executado o último movimento de "jodan-morote-uchi-uke" com o braço esquerdo.

A foto 1 mostra o momento em que é puxada a perna que está à frente, o deslocamento dos braços, para a tomada da postura mostrada na foto 2, ao lado. A base utilizada na foto 2 é "mami-no-nekoashi-dachi".

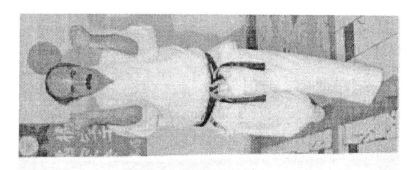

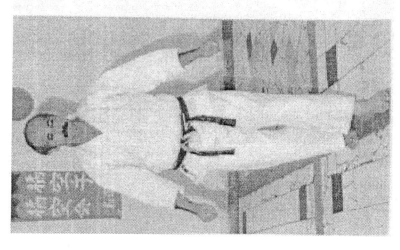

A foto ao lado mostra o momento em que foi feita a conclusão das fotos anteriores (fotos 1 e 2).

A técnica aplicada ao lado é "hiza-geri". O equilíbrio é primordial, pois se toma como exemplo a base "tsuruashi-dachi".

Nas fotos 1 e 2 mostradas ao lado, aparece o momento em que foi finalizada a seqüência técnica do "hiza-geri", é dado o giro sobre si mesmo e, deslocando para o lado esquerdo, efetua "chudan-kaken-uke" na base "kokutsu-dachi" ou "mahanmi-no-nekoashi-dachi".

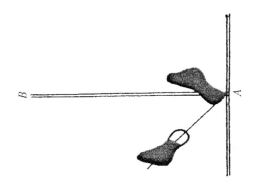

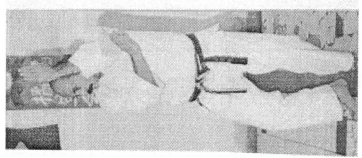

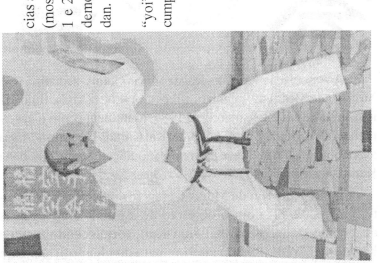

Estas são as mesmas sequências aplicadas para o lado direito (mostrada anteriormente nas fotos 1 e 2); neste caso, encerramos a demonstração do Kata Pin-an Yo-dan.

Retornemos à posição inicial, "yoi"; depois, "heisoku-dachi" e cumprimentando: "oss".

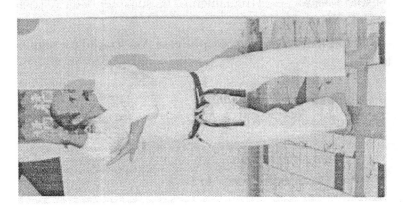

A Associação Kii-Kuu-Kai de Minas Gerais, sediada à Rua Milton Mendes, 142 – centro – Três Corações (MG), fundada inicialmente em 12 de março de 1984, juntamente com o nascimento da academia "Dojô Kii-Kuu-Kai Karatê-Dô Wado". Essa academia, mais tarde, teve seu nome modificado para "Tatibana Karatê Kii-Kuu-Kai", até os nossos dias.

A Kii-Kuu-Kai de Minas Gerais formou-se oficialmente, em 08/02/91, com o objetivo de agrupar e agregar as academias oriundas da "Kii-Kuu-Kai", fortalecendo assim o Karatê-Dô Wado-Ryu do interior, para divulgar oficialmente o estilo "Wado", e os treinamentos na sua íntegra da Associação Kii-Kuu-Kai.

Hoje a diretoria que compõe essa Associação é a seguinte:

– *Fundador-Presidente:*
Prof. José Grácio G. Soares

– *Diretor-Secretário:*
Prof. Josevaldo Gomes da Silva

– Diretor-Tesoureiro:
Sra. Erenita da S. Soares

– Diretor-Técnico:
Prof. José Grácio G. Soares

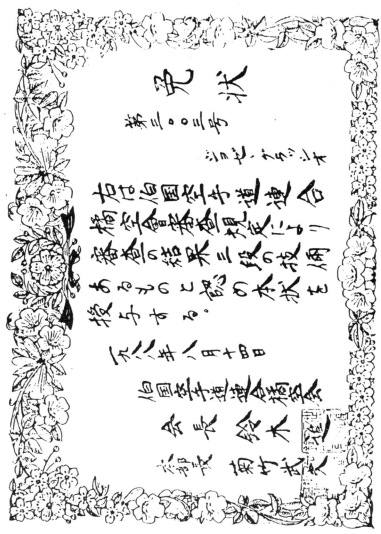

Na hierarquia das Artes Marciais, em particular o Karatê-Dô, o 3° Grau de Faixa Preta mostra e exalta a maior idade na senda do Karatê, outorgando ao detentor o título de Instrutor. Em alguns conceitos, outorga-lhe o título de Professor ou Mestre. Acima, podemos ver o título do 3° Grau outorgado pela Associação Kii-Kuu-Kai ao Prof. José Grácio.

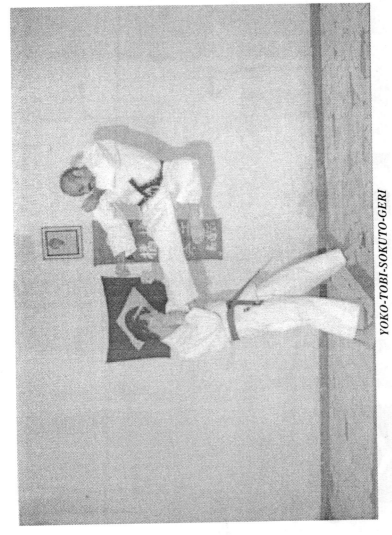

YOKO-TOBI-SOKUTO-GERI
O autor, no momento da aplicação desse difícil chute em seu aluno Sandro Vítor Rosa.

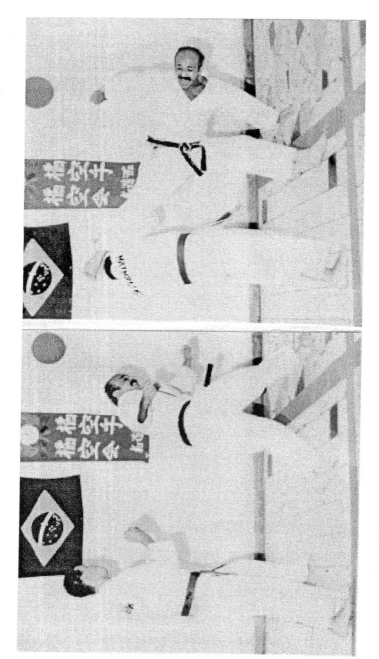

Momento em que, no ato do Shiai-kumitê, é aplicado um Mawashi-ushiro-kakato-geri.

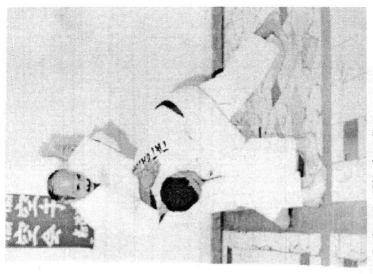

Momentos em que há uma seqüência em Jiu-kumitê – (Ohyo-kumitê).

Associação KII-KUU-KAI de Minas Gerais e o Estilo Wado-Ryu

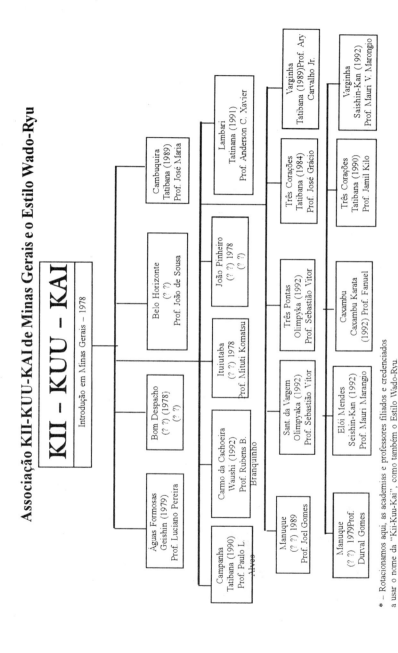

* – Rotacionamos aqui, as academias e professores filiados e credenciados a usar o nome da "Kii-Kuu-Kai", como também o Estilo Wado-Ryu.

Vocabulário

A

Age	Ascender.
Age-uke	Defesa ascendente.
Age-zuki	Soco ascendente, de baixo para cima.
Aiuchi	Golpes mútuos – golpes ao mesmo tempo.
Aka	Vermelho.
Ashi	Pé.
Ashi-barai	Varrer com o pé – rasteira.
Ashi-waza	Técnicas de pé.
Ate	Técnicas de contundir.
Atemi-waza	Técnicas aplicadas em pontos vulneráveis do corpo humano.
Ato-shibaraku	Falta 30 segundos para terminar a luta (termo utilizado em arbitragem do Karatê-Dô).

B

Banzai	"Viva", "longa vida ao imperador", saudação de brinde.
Barai	Ato de varrer.
Bo	Bastão.
Bo-jitsu	A arte do Bo (do bastão).
Boken	Espada de madeira.
Bu	Que se refere a arte de combate.
Budo	Caminho do guerreiro (filosofia das Artes Marciais).
Bujutsu	Conjunto de artes de guerra.
Bushi	Guerreiro, militar nobre.
Bushido	Código de honra dos samurais.

C

Chinto	Nome de Kata.
Chudan	Média, parte média do corpo humano.
Chudan-geri	Chute na parte média do corpo humano.
Chudan-zuki	Soco na parte média do corpo humano.
Chui	Advertência (termo usado nas arbitragens do Karatê-Dô).
Chuikoku	Advertência simples (termo usado nas arbitragens do Karatê-Dô).

D

Dachi	Posição do corpo. Base (Karatê).
Dachi-waza	Técnicas de base.
Dai	Grande (prefixo para designar o cardinal).
Daimyo	Chefe militar durante o período feudal, subordinado ao Shogun.
Dan	Grau nas hierarquias de faixas pretas.
Daruma-Taishi	Deus budista.
De-ashibarai	Rasteira.
Dô	Caminho, vereda espiritual.
Dogi	Vestimenta para o treinamento militar.
Dojô	Local de treino.
Doshu	O mestre, o líder, o chefe geral de um grande movimento.

E

Eimeroku	Lista de pessoas que treinam com determinado mestre.
Empi	Cotovelo, nome de Kata.
Empi-uchi	Ataque com o cotovelo.
Enchosen	Prorrogação (termo usado nas arbitragens do Karatê-Dô).

F

Fudosin	Espírito que permanece calmo diante do inimigo.
Fukino	Nome de um antigo mestre do Jiu-jitsu.
Fukushidoin	Professor assistente do mestre.
Fukushin	Árbitro auxiliar (usado nas arbitragens do Karatê-Dô).
Fumi	Ato de pisar.
Fumikkomi	Pisão.
Funakogi	Exercício de remo para fortalecer os quadris e a estabilidade.
Funakoshi Gichin	Nome de um grande mestre do Karatê.

G

Geri	Chute.
Go no sen	A segunda etapa da defesa, é o contra-ataque.
Go	Cinco em japonês.
Go-dan	Quinto grau na hierarquia de faixa preta.
Gojiushiho-sho	Nome de Kata (Gojiushiho-dai).
Goju-Ryu	Estilo de Karatê-Dô.
Goshin-jutsu	Arte marcial especializada em defesa pessoal.
Guedan	Parte inferior do corpo humano.
Guedan-barai	Defesa em varredura à parte inferior.
Gyaku-zuki	Soco aplicado com lado contrário da base.
Gyho	Técnica condicionada.

H

Ha	Ala, lado, gume do kataná.
Hachi	Oito em japonês.
Hachi	Pauzinhos para comer.

Hachi-dan	Oitavo grau na hierarquia de faixa preta.
Hachi-maki	Pano para cabeça.
Haishu	Costa da mão.
Haishu-uke	Defesa com as costas das mãos.
Haisoku	Peito do pé.
Haito	Lado de dentro da mão (faca).
Haito-uchi	Ataque com a faca da mão (lado interno).
Haji	A vergonha, o que fazia os samurais se matarem.
Hajime	Começar.
Hakama	Vestimenta utilizada pelos faixas pretas de Akidô e Kendô.
Hangetsu	Nome do Kata.
Hanmi	Posição do corpo.
Hanshi	Título a quem ultrapassou o sétimo grau de faixa preta.
Happo	Nas oito direções.
Hara	Abdômen. Centro de todas as energias do ser humano.
Hara-kiri	Forma deselegante de denominar o suicídio – corte do abdômen.
Heian	Nome de Kata (era Heian).
Heiko	Paralelo.
Hidari	Esquerda.
Hidari-kamae	Em guarda pelo lado esquerdo.
Hiden	Tradição secreta.
Hiji	Cotovelo.
Hijutsu	Técnica secreta.
Hiza	Joelho.
Hiza-geri	Ataque com o joelho.
Hiza-kansetsu	Articulação do joelho.
Honno	O mais alto objetivo do treinamento, superar o intelecto, tornando os movimentos e ações instintivas.

I

Ichi	Um em japonês.
Iki	Refere-se ao "ki".
Ippon	Um ponto nas competições.
Ippon-ken	Golpe aplicado com um dos dedos da mão.
Irimi	Ataque – contra-ataque.
Ludo	Acompanhar os movimentos de "uke", fundindo-se com ele.

J

Jigotai	Posição defensiva do corpo.
Jime	Técnicas de estrangulamento.
Jion	Nome de Kata, também nome de um antigo Abade.
Jiu-jitsu	Arte Marcial com fundamentos livres.
Jodan	Parte superior do corpo humano.
Jodan-geri	Chute na parte superior do corpo.
Jodan-zuki	Soco na parte superior do corpo.
Joseki	Lugar de honra e respeito do Dojô.
Ju	Dez.
Ju-dan	Décimo da hierarquia faixa preta.
Juji	Cruz.
Juji-uke	Defesa em cruz.
Jutsu	Arte Marcial.
Jyu-kumitê	Luta real, ou sem arbitragem.

K

Kachi	Vencedor.
Kai	Associação, comunidade.
Kakato	Calcanhar.
Kakato-geri	Chute com o calcanhar.

Kama	Pequena foice, utilizada pelo camponês okinawense, arma antiga.
Kamae	Guarda.
Kamae-kaete	Virar para o lado em guarda.
Kamae-tê	Em guarda de mão.
Kamiza	Lugar de honra.
Kamiza-ni	Cumprimentar o lugar de honra.
Kancho	O chefe de um Dojô.
Kanku-dai (sho)	Nome de Kata.
Kansetsu-geri	Chute nas articulações.
Kansetsu-waza	Técnicas de articulações.
Kara	Vazio.
Karada	O corpo.
Karatê	Mão vazias.
Karateca	Nome utilizado para os praticantes do Karatê.
Karatê-Dô	Caminho das mão vazias.
Karatê-gi	Uniforme para treinamento do Karatê.
Kata	Formas básicas de luta imaginária.
Katame	Concentrar-se, ficar em guarda.
Katana	Espada.
Kawashi	Esquiva.
Keiko	O treinamento das Artes Marciais.
Kenoji	O autocontrole.
Keri-waza	Técnicas de chute.
Ki	Energia interna do corpo.
Kiai	Grito.
Kiba-dachi	Base de Karatê.
Kihon	Escola primária do Karatê.
Kihon-kumitê	Treinamento básico de luta.
Kiken	Abandono.
Kime	Concentração máxima na aplicação do golpe.
Kiu	Classe, categoria.
Koken	Munheca.
Koken-uchi	Ataque com a munheca.
Koken-uke	Defesa com a munheca.

200

Kokoro	O coração, o espírito.
Kokutsu-dachi	Base do Karatê.
Kuatsu	Técnicas de reanimação.
Kumade	Pata de urso.
Kumitê	Luta.
Kushan-ku	Nome de Kata (dai-sho).
Kutsu	Postura.
Kyu	Nove em japonês.
Kyu-dan	Nono grau na hiearquia de faixa preta.
Kyu-sho	Os pontos vitais do corpo humano.

L

Lao-Tsé	Fundador do Taoísmo, a doutrina dos contrários, Yin e Yang.

M

Ma ai	Distância entre um e o outro lutador.
Ma	Distância.
Mae	Frente.
Maeashi-geri	Chute semicircular (pé da frente).
Mae-geri	Chute para a frente.
Mae-ukemi	Técnica de rolamento para a frente.
Makiwara	Utensílio para calejamento da mão.
Maware	Virar.
Mawashi	Circular.
Mawashi-geri	Chute circular.
Mawashi-zuki	Soco circular.
Me-tobi-geri	Chute para a frente saltando.
Migi	Direita.
Mikazuki-geri	Chute semicircular.
Mokuso	Fechar os olhos.
Morote-uke	Defesa com os dois braços.
Morote-zuki	Soco com os dois braços.

Muga	Estado de espírito em que o observador é eliminado.
Musubi	União, aquilo que une.
Musubi-dachi	Base do Karatê.

N

Nagashi	Esquiva.
Nagashi-zuki	Soco em esquiva.
Nage	Projetar.
Nage-waza	Técnicas de projeção.
Naifanchi	Nome de Kata.
Neko-ashi-dachi	Base do Karatê.
Ni	Dois em japonês.
Ni-dan	Segundo grau na hierarquia de faixa preta.
Nidan-geri	Dois chutes quase ou simultâneos.
Nidan-zuki	Dois socos quase ou simultâneos.
Ninjitsu	Escola Ninja.
Niseishi	Nome de Kata.
Nukite	Ponta de dedos.

O

O Sensei	O grande professor.
O	Grande
Obi	Faixa.
Oi-zuki	Soco em perseguição.
Okinawa	Nome da ilha onde se originaram as primeiras técnicas do Karatê-Dô.
Okinawa-tê	Primeiro nome dado ao Karatê.
Okugi	Mistérios interiores de uma Ryu (escola).
Okuri	Ir ao encontro, enfrentar.
Osae	Aprisionar no chão.
Osae-waza	Técnicas de aprisionamento (Imobilização).
Oss	Cumprimento.

Otoshi-uke	Defesa para baixo.
Oyama, Masutatsu	Nome do mestre do Kyukushin Oyama.

R

Randori	Exercícios livres.
Rei	Cumprimentar.
Renmei-ni	Cumprimento às autoridades do Karatê-Dô.
Renzoku-waza	Técnicas encadeadas.
Riken	Costa do punho quando fechado.
Roku	Seis em japonês.
Ronin	Samurai livre, sem pertencer a alguma senhor feudal.
Ryu	Escola, estilo.
Ryu-kyu	Arquipélago onde se localiza a ilha de Okinawa.

S

Sabaki	Esquiva.
Samurai	Guerreiro antigo, palavra oriunda do verbo "samuru" (servir e proteger).
San	Três em japonês.
Sanchin	Nome de Kata.
Sanchin-dachi	Base do Karatê.
San-dan	Terceriro grau em hieraquia de faixa preta.
Sankaku	Triângulo, em triangular.
Sassae	Com as duas mãos.
Satori	A iluminação espiritual.
Saya	Bainha do kataná.
Sayonara	Adeus, até logo.
Seienchin	Nome de Kata.
Seisan	Nome de Kata.
Seishan	Nome de Kata.

Seito	Aluno.
Seiza	Posição de sentar, ajoelhado sentado sobre a sola dos pés.
Seme	Atacante, quem ataca nos treinos.
Sen	Iniciativa antes do ataque.
Senpai-kohan	A importante relação aluno-mestre.
Sensei	Professor, mestre.
Sensei-ni	Cumprimento ao professor.
Sen-sen-no-sen	A mais perfeita atitude no Budo, a ação imediata ao ataque.
Seppuku	O nome correto para Hara-kiri. Cortar o abdômen em suicídio voluntário.
Shado	Sombra, treinamento individual imaginando determinado ou determinados adversários.
Shi	Quatro em japonês.
Shiai-kumitê	Luta com árbitro (competição).
Shidoin	Instrutor.
Shihan	Mestre.
Shimoza	Lado em frente ao Kamiza.
Shitchi	Sete em japonês.
Shitchi-dan	Sétimo grau da hierarquia de faixa preta.
Shizen	Natureza.
Sho	Primeiro.
Sho-dan	Primeiro grau na hierarquia de faixa preta.
Shoden	As artes preliminares de uma escola.
Sochin	Nome de Kata.
Soto	Exterior.
Souchin	Nome de Kata.
Sumo	Luta japonesa, em que o peso e a força muscular são importantes.
Suparinpei	Nome de Kata.

T

Tai chi	Símbolo Taoísta que mostra a unidade entre o Yin e o Yang.

Tai	**Corpo.**
Tai-sabaki	Deslocamento do corpo.
Tame-shiware	Quebra de objetos, em demonstrações ou em treinos do Karatê.
Tatami	Esteira feita com palhas de arroz trançadas, revestimento de solo.
Tate-zuki	Soco com o punho em vertical.
Tê	Mão.
Teisoku	A planta do pé.
Ten-sho	Nome de Kata.
Te-waza	Técnicas de mão.
Timing	Momento de ação e reação.
Tobi	Pulo.
Tobi-geri	Chute saltando.
Tobikomi-nagashi-zuki	Soco penetrante, esquivando e saltando.
Tobikomi-zuki	Soco penetrante saltando.
Tobi-zuki	Soco saltando.
Tode	"Mão da China" – Kempo.
Tomoe-nage	Jogar pelo estômago.
Tsubo	Ponto de abertura no Shiatsu, onde é feita a pressão.
Tsucuri	Chamar o ataque.
Tsughi-ashi	Andar, mantendo o mesmo pé à frente, deslizando o de trás.
Tsui	Martelo.
Tsuki	Soco.
Tsuki-waza	Técnicas de soco.

U

Uchi	Por dentro.
Uchi-uke	Defesa por dentro.
Ude	Braço.
Uke	Defensor, aquele que defende.
Ukemi	Técnicas de quedas e rolamentos.
Unsu	Nome de Kata.

Ura	Virar, atrás, negativo, contrário.
Ushiro	Atrás.
Ushiro-geri	Chute para trás.

W

Wa	Harmonia, paz, concordância.
Wado	Caminho da paz.
Wado-Ryu	Estilo do caminho da paz.
Wan	Antebraço.
Wan-shu	Nome de Kata.
Waza	Técnica.
Wazari	Meio ponto nas competições do Karatê-Dô.

Y

Yama	Montanha.
Yama-bushi	Terríveis guerreiros que viviam nas montanhas.
Yamato	Espírito de luta, de honra do povo japonês.
Yama-zuki	Soco em montanha.
Yame	Parar.
Yang	O positivo, o ativo.
Yari	Lança.
Yasme	Descontrair-se.
Yin	O negativo, passivo.
Yoi	Preparar.
Yoko	Lado.
Yoko-geri	Chute para o lado.
Yoko-tobi-geri	Chute para o lado saltando.
Yoko-ukemi	Cair de lado.
Yon	Quatro em japonês.
Yon-dan	Quarto grau na hieraquia de faixa preta.
Yoriashi	Deslocamento sem troca de peso.
Yubi	Dedo.

Yudansha	Categoria de faixas pretas.
Yudanshakai	Associação, reunião de faixas pretas.
Yumi	Arco.

Z

Za	Sentar.
Zanshin	Alerta total.
Za-rei	Cumprimentar sentado.
Za-zen	Prática do Zen.
Zen	Filosofia budista. Disciplina de meditação.
Zenkutsu-dachi	Base do Karatê.
Zenshi	Mestre superior do Zen.

JOSÉ GRÁCIO

José Grácio Gomes Soares, brasileiro, administrador de empresas, nascido em 09/05/56, na cidade de Tupã – SP. Iniciou-se na sede das Artes Marciais, aos 13 anos de idade. Praticou várias modalidade como: Boxe, Luta-Livre, Capoeira Angola e Regional, Judô, Jiu-Jitsu, Hata-Yoga, Karatê-Dô Shotokan e atualmente Karatê-Dô Wado-Ryu.

Algumas Representações

- Faixa Preta 5º Dan — Karatê-Dô Wado-Ryu — FNKIB — Federação Nacional de Karatê-Dô Inter-estilos do Brasil;
- Diretor Nacional Kii-Kuu-Kai Karatê-Dô Wado-Ryu (Associação Kii-Kuu-Kai de Artes Marciais × matriz São Paulo-SP);
- Representante Wado-Ryu na I.K.O. — International Karatê-Dô Organization;
- Representante oficial da Kii-Kuu-Kai Karatê-Dô Wado-Ryu em Minas Gerais e na FKIMG-Federação de Karatê-Dô Interestilos de Minas Gerais;
- Membro Honorário da International Martial Arts Federation e da International Shaolin Kung Fu Tian Kung Chuan Association de Mendoza — Argentina;
- Membro Honorário Faixa Preta 5º Dan da Asociación Kobukan Internacional Karatê da Tacna — Perú;
- Árbitro Internaiconal da I.K.O. — International Karatê-Dô Organization;
- Professor de Karatê-Dô, Defesa Pessoal de Técnicas Especiais Militar;
- Instrutor Chefe da Academia de karatê — Tatibana Karatê Kii-Kuu-Kai;
- Fundador da Associação Kii-Kuu-Kai de Minas Gerais;
- Diploma de Reconhecimento de EsSA — Escola de Sargentos das Armas do Exército Brasilerio — Três Corações-MG;
- Instrutor de Técnicas Especiais para PE-Polícia do Exércido de PELOPES-Pelotão de Operações Especiais do BCS-Batalhão de Comando de Serviços da EsSA-Escola de Sargentos das Armas do Exército Corações-MG;
- Diploma de Mérito da TKIC — Traditional Karatê International Confederation — Las Vegas — USA.

BIBLIOGRAFIA

- Karatê-Dô   Suzuki, Susumu
- Karatê-Dô Shitei-Kata   JFK – Japonese Karatê Federation
- Karatê-Dô   Nambu, Yoshinao
- Medicina esportiva   Dr. C.K. Gian; Dr. K.C. Ten
- Anatomia do movimento   Wirhed, Rolf
- Psicologia geral   Dorin, Lanndy

Endereço para correspondência com o autor:

Prof. José Grácio Gomes Soares.
Tatibana Karatê Kii-Kuu-Kai (INCOR)
Av. Castelo Branco, 82 Ch. das Rosas – Três Corações – MG.
37.410-000
Av. Cel. Francisco Antonio Pereira, 57 – Apto. B
Centro – Três corações – MG
37.410-000
Tels: (035) 231.2289 ou 239.1000

Breves lançamentos:
- Karatê como defesa pessoal
- Karatê Kata

AGRADECIMENTOS

Sr. Donaldson (Informações sobre o autor)
Paulo R. Naback (Fotos)
José Divino da C. Filho (Fotos)
Rubens Bráulio Branquinho (Fotos)
Profa. Erenita da S. Soares (Revisão do texto)
João E. de Macêdo (Fotos)
Heverton Bacha (Fotos)
Sandro V. Rosa (Fotos)
Marco Aurélio F. Antiago (Fotos)
Eliza T. Yoshikawa Vilaça (Fotos))
Carlos Alberto C. dos Santos (Fotos)
Josevaldo G. da Silva (Fotos)
Boutrus Sarkis Moussa (Fotos)

Leia também...

Impresso na

**press grafic
editora e gráfica ltda**
Rua Barra do Tibagi, 444 - Bom Retiro
Cep 01128 - Telefone: 221-8317